Claudia Kemfert
Jetzt die Krise nutzen

Claudia Kemfert
Jetzt die Krise nutzen

MURMANN

Dieses Buch wurde klimaneutral produziert

Die Deutsche Bibliothek – CIP-Einheitsaufnahme
Ein Titelsatz für diese Publikation ist bei
der Deutschen Bibliothek erhältlich
ISBN 978-3-86774-076-0

1. Auflage, Juni 2009
Copyright © 2009 by Murmann Verlag GmbH, Hamburg

Redaktion: Claudia Cornelsen, Berlin
Lektorat: Diethelm Krull, Monheim
Umschlaggestaltung: Rothfos & Gabler, Hamburg
Herstellung und Gestaltung: Eberhard Delius, Berlin
Satz: Offizin Götz Gorissen, Berlin
Gesetzt aus der Minion und der The Mix
Druck und Bindung: Freiburger Graphische Betriebe, Freiburg
Printed in Germany

Besuchen Sie uns im Internet: www.murmann-verlag.de
Ihre Meinung zu diesem Buch interessiert uns!
Zuschriften bitte an **info@murmann-verlag.de**
Den Newsletter des Murmann Verlages können Sie anfordern unter
newsletter@murmann-verlag.de

Inhalt

Vorwort

Die Weltwirtschaft hat sich binnen weniger Monate verändert. Als im September 2008 mein Buch *Die andere Klima-Zukunft* erschien, war die Krise zwar in Fachkreisen schon besorgt erkannt worden, aber sie war noch keineswegs ins Bewusstsein der breiten Öffentlichkeit vorgedrungen.

Stattdessen waren die hohen Benzinpreise den Sommer über das Gesprächsthema Nummer eins. Bei derartigen Preisen sahen alle voller Sorge auf den nächsten Winter, in dem die Heizkosten für viele zur schier nicht mehr zu bewältigenden Belastung werden würden. Mein Buch, in dem ich appellierte, endlich in den Klimaschutz zu investieren, stellte sich damit scheinbar gegen den Zeitgeist. Wie sollte man gerade jetzt, wo Energie sowieso schon so teuer war, auch noch Geld für den Klimaschutz obendrauf legen? Und so rechnete ich den Lesern vor:

1. Klimaschutz spart Geld. Wenn jetzt die richtigen Schritte eingeleitet würden, könnte jeder Haushalt bis zu 12 Euro Energiekosten im Monat sparen. Zudem kostet auch der Klimawandel die Deutschen Geld: bis zu 800 Milliarden Euro muss die deutsche Volkswirtschaft in den kommenden Jahrzehnten zahlen, wenn wir den Klimawandel nicht bremsen.

2. Wir können klimaneutral leben. Wenn wir wollen, sofort! Jeder kann seinen individuellen CO_2-Fußabdruck auf Basis seines jetzigen Lebensstandards ermitteln.

3. Klimaschutz lohnt sich – nicht nur für die Umwelt und fürs gute Gewissen, sondern auch finanziell. Bei klugen Investitionen bringt Klimaschutz nämlich sogar Gewinn – volkswirtschaftlich sowieso, aber auch für den einzelnen Unternehmer oder Arbeitnehmer.

Aber um diesen Nutzen zu erreichen, so rechnete ich in meinem Buch ebenfalls vor, müsse man zuvor – und zwar möglichst bald, am besten »jetzt«! – investieren. Ich forderte auf:

- die Politiker, endlich die Energiewende einzuleiten, 1,3 Milliarden Euro aus der Kohlesubventionierung wegzunehmen und direkt in die Erforschung innovativer Energien umzuleiten!

- die Unternehmen, ihre Energiekosten zu senken und 10 Prozent ihres Gewinns in die Erforschung und Entwicklung klimaschutzrelevanter Produkte und Dienstleistungen zu stecken!

- die Verbraucher, klimabewusst zu konsumieren und jeden Tag vorsätzlich 70 Cent für den Klimaschutz auszugeben, sei es durch Ökostrom, Energiesparlampen, durch ein Hybrid- oder Elektroauto oder regionale Produkte!

Nun, es wäre vermessen zu behaupten, dass ob dieser Forderungen ein Aufschrei durch Deutschland gegangen sei. Aber ich machte durchaus die Erfahrung, dass viele Menschen angesichts der hohen Zahlen zusammenzuckten. 800 Milliarden Euro Klimakosten – das war schließlich kein Pappenstiel. Und 20 Milliarden Euro, die wir Deutschen prophylaktisch in Klimaschutz pro Jahr investieren sollten, klang auch nicht gerade nach Taschengeld. Können wir uns Klimaschutz leisten? Das blieb die Frage auch angesichts der Kostenlawine, die uns ohne

Klimaschutz bevorstand. Immer wieder musste ich erklären, dass das Geld für Klimaschutz gut angelegt sei; dass wir so oder so eine Energiewende brauchen, weil die fossilen Energieträger, auf denen heute unsere Wirtschaftskraft basiert, in wenigen Jahrzehnten zur Neige gehen.

Es war im Prinzip eine einfache mathematische Übung: Hohe (fossile) Energiekosten + hohe Klimawandelkosten = steigende Wirtschaftsbelastung insgesamt = geschwächte Wirtschaftskraft.

Dagegen stand eine andere Rechenübung, die ähnlich einfach funktioniert: Sinkende (erneuerbare) Energiekosten + begrenzte Klimaschutzkosten = begrenzte Wirtschaftsbelastung insgesamt = stabile Wirtschaftskraft.

Und das Schönste an der zweiten Rechnung ist, dass die begrenzten Klimaschutzkosten zugleich ein Investment in eine Wachstumsbranche darstellen; denn Klimaschutz besteht zum größten Teil aus einer Energiewende, aus Investitionen in erneuerbare Energien wie Sonne, Wind, Wasser oder Geothermie. Und dieser Bereich wird in den nächsten Jahren weltweit einen Boom erleben. Meine Rechnung sah deswegen im Ergebnis so aus:

Sinkende (erneuerbare) Energiekosten + begrenzte Klimaschutzkosten = wachsende Wirtschaftskraft!

»Klimaschutz ist ein Wirtschaftsmotor!«, heißt meine These seit Jahren. Und sie fand letzten Sommer vielerorts endlich Gehör.

Doch dann kamen der 14. September 2008 und die Pleite von Lehman Brothers, und plötzlich war die Finanzkrise in aller Munde. Seither überschlagen sich die Ereignisse. Plötzlich ist das alte Dogma eines sich selbst regulierenden Marktes gebrochen; plötzlich wird nach einem starken Staat gerufen, der die Märkte regulieren und selbst nachhaltig agieren soll; plötzlich nimmt die Politik Finanzmittel in die Hand, um auf zukünftige Wirtschaftsentwicklungen Einfluss zu nehmen, von denen noch wenige Monate zuvor selbst verbissenste Verfechter eines aktiv wirtschaftenden Staates nicht zu träumen gewagt hätten. Es kursieren Zahlen, die weit über das hinausgehen, was bei Erscheinen meines letzten Buches noch als »unrealistisch« und »unzumutbar« galt. 250 Milliarden Euro wurden von der deutschen Regierung allein als »Rettungsschirm« für die angeschlagenen Banken veranschlagt.

Und der Klimaschutz? Und die Energiewende? Und der Ölpreis?

Viele meinen, dass jetzt in Zeiten der Krise erst recht kein Geld mehr für Klimaschutz in der Kasse sei. Das alte Vorurteil – Klimaschutz sei Luxus, den man sich leisten können müsse – ist wieder an die Stammtische der Nation zurückgekehrt. Zu Unrecht! Denn gerade jetzt, gerade in der Krise, gerade wenn wir derart viel Geld investieren, um die Wirtschaft wieder auf Trab zu bringen, ist es an der Zeit, die Weichen so zu stellen, dass wir nicht am Ende in doppelter Weise als Verlierer dastehen. Das Gegenteil ist der Fall: Wir können gestärkt aus der Krise hervorgehen. Wenn wir jetzt klug die Weichen stellen, wird unsere Wirtschaftszukunft glänzend!

Damit wir diese Chance nicht vertun, sondern die Krise richtig nutzen, hat mich der Murmann Verlag gebeten, in Kürze die wichtigsten Handlungsfelder einer nachhaltigen Wirtschaftspolitik für die von mir anvisierte »andere Klimazukunft« zu Papier zu bringen. Wir hoffen, dass meine Argumente nicht nur vor der aktuell anstehenden Bundestagswahl im September, sondern auch beim Klimagipfel in Kopenhagen im Dezember 2009 Gehör finden.

Schließlich sind auch nahezu alle Ideen aus meinem Buch *Die andere Klima-Zukunft* von den verantwortlichen Politikern zumindest diskutiert und teilweise sogar umgesetzt worden. Zahlreiche Unternehmen setzen mein Motto »Innovation statt Depression« aktiv um und treten zunehmend offensiv und mit überzeugenden Wirtschaftszahlen aus dem Schatten der vermeintlichen Öko-Nische heraus. Und auch immer mehr Bürger beweisen durch ihr Verhalten, dass Klimaschutz kein Modethema oder nur ein kurzes Rauschen im Blätterwald der Medien ist, sondern ein ernst zu nehmendes Marktsegment bildet. Viele Leser haben mir nach der Lektüre meines Buches vom aktiven Klimaschutz berichtet, haben die Diskussion mit mir gesucht oder – vor allem Kinder und Jugendliche – mich mit Fragen gelöchert.

Eine Witwe und Mutter hat mir beispielsweise berichtet, dass ihr verstorbener Mann sein Leben lang für den Umwelt- und Klimaschutz gekämpft und sie ihre Kinder in dem Bewusstsein erzogen habe, alles zu tun, um die Umwelt und das Klima zu schützen. Sie freute sich, dass nun die »neue Generation« genau diese Ideen weiter umsetzte.

Viele, viele Unternehmen berichten von erfolgreichen Geschäftsmodellen um den Klimaschutz; ganze Unternehmensketten kommunizieren mittlerweile erfolgreich mit Hilfe des Themas Klimaschutz: »Don't miss the Green Revolution«. Wunderbar! Visionäre Unternehmen stellen nachhaltige Mobilitätskonzepte vor; insbesondere die Elektromobilität mit Strom aus erneuerbaren Energien wird zum »Better Place«. Große Supermärkte werden zu »Klima-Supermärkten«, große

Fast-Food-Ketten errichten »Klima-Fast-Food-Läden«, »Klima-Textilien« werden klimaschonend produziert und finden immer mehr Absatz, innovative Energiespeicher scheinen kurz vor der Markteinführung zu stehen, Finanzanlagen zum Klimaschutz wachsen weiter (trotz oder gerade wegen der Finanzkrise), Energiedienstleister berichten von den neusten Methoden der Gebäudeisolierung und so weiter und so fort.

Auch viele Kommunen haben mir von ihren Aktivitäten berichtet und bestätigt, dass Klimaschutz und Wirtschaftswachstum zusammen gehen. Man muss es nur wollen und aktiv umsetzen!

Für die vielen Berichte, die Fragen und die Anregungen möchte ich mich an dieser Stelle herzlich bedanken! Und ich möchte allen gratulieren, die sich der Aufgabe bereits erfolgreich verschrieben haben! Mein Dank gilt auch all den Ingenieuren, Technikern und Tüftlern, die mir viele und lange Briefe und Abhandlungen geschrieben haben und berichten, dass sie als Einzelkämpfer sehr viele Barrieren überwinden müssen – aber häufig nicht können. Weder ich noch das Deutsche Institut für Wirtschaftsforschung, an dem ich arbeite, haben natürlich irgendwelche Möglichkeiten, derartige innovative Techniken finanziell zu unterstützen. Dennoch wünsche ich allen weiterhin viel Erfolg und bin sicher: Eine bahnbrechende Technologie wird sich irgendwann durchsetzen!

Viele Lehrer berichten, dass sie sich mehr und mehr im Unterricht mit den Themen Klimawandel und Klimaschutz beschäftigen und mein Buch großen Anklang findet. Zudem berichten Schüler, dass ihnen die Auseinandersetzung auch mit den ökonomischen Fragen viel Spaß bereitet. Das schönste Erlebnis war, als mich über hundert Schüler im Rahmen der

Kampagne »Jugend denkt Umwelt« besucht und mit Fragen zum Buch bestürmt haben. Das hat unglaublich viel Spaß gemacht!

All diese Erlebnisse und Erfahrungen zeigen, dass Verbraucher und vor allem Unternehmer und Kommunen oft schon viel weiter sind und der Wirtschaftsmotor Klimaschutz aktiv umgesetzt wird – und bereits viel mehr gewachsen ist, als ich mir zu wünschen gewagt hätte.

Auch die Politiker sind aufgewacht: Sie wollen die Ausgaben für die Energieforschung deutlich erhöhen und sich vor allem ressortübergreifend vernetzen, um die Themen Klimaschutz und nachhaltige Energieversorgung und Mobilität aktiv voranzubringen. Und sie unterstützen tatsächlich die Idee, ein eigenes Energieministerium zu gründen, obwohl es sehr unterschiedliche Vorstellungen gibt, wie dieses auszusehen habe: Als Unterabteilung des Umwelt-, Verkehrs- oder Wirtschaftsministerium macht es jedenfalls keinen Sinn – das haben wir ja jetzt schon! Mal sehen, was am Ende von der Idee eines eigenständigen Energieministeriums übrig bleibt.

Insgesamt gesehen bin ich von den vielen positiven Rückmeldungen tief beeindruckt. Sie bestärken mich darin, weiter zu informieren, zu motivieren und wachzurütteln. Die Menschen wollen verstehen und sie wollen handeln. Genau deswegen habe ich nun dieses Buch geschrieben. Damit wir die Krise richtig nutzen – und zwar jetzt!

1: Die Finanzkrise

Millionäre, die sich nichts kaufen können

»Lauf schnell zum Bäcker und kauf ein Brot!«, sagte die Mutter und drückte der kleinen Martha einen Geldschein in die Hand. Darauf war eine Zahl gedruckt: 10.000.000.000. Das Stück Papier, das die kleine Martha in der Hand hielt, war 10 Milliarden Mark wert. Das sollte wohl für einen Laib Brot reichen! Doch egal wie schnell Martha zum Bäcker flitzte, als sie ankam, reichte ihr Geld nicht mehr. Man schrieb das Jahr 1923, und die deutsche Wirtschaft litt unter einer sogenannten »Hyperinflation«. Laufend gab die Reichsbank neue Banknoten mit astronomischen Zahlen aus, die jedoch nur eine Kaufkraft in Höhe von Pfennigwerten besaßen. Die Preise vervierfachten sich Woche für Woche. Trauriger Höhepunkt: Im November 1923 kostete ein Brot 470 Milliarden Mark. Alle waren Millionäre, aber keiner konnte sich etwas kaufen.

Als ich Kind war, hat mir meine Großmutter von dieser Zeit erzählt, die sie selbst als Kind erlebt hatte. Die Geschichten verschmolzen mit den Berichten von der Weltwirtschaftskrise 1929, die ich später in der Schule hörte, zu einem bizarren Gesamteindruck von Wirtschaft, wie ihn wohl viele Menschen im Kopf haben: Wenn jetzt die Rede ist von der schlimmsten Wirtschaftskrise nach 1929, dann schießen uns Bilder durch den Kopf, die wir in Wahrheit nur aus Filmen kennen – von verarmten Millionären, die von Hochhäusern springen, und von Arbeitslosen, die um Beschäftigung und Brot betteln.

Ist es wieder so schlimm? Nein, ist es nicht. Und man muss lernen zu unterscheiden: zwischen der Hyperinflation von 1923 und dem Schwarzen Freitag 1929 genauso wie zwischen der aktuellen Krise und der Großen Depression in den 1930er Jahren.

Sicher, es gibt eine Wirtschaftskrise – und zwar eine nicht zu unterschätzende. Ähnlich wie in den 20er und 30er Jahren des letzten Jahrhunderts ist sie die Folge einer Krise des Finanzmarkts, bei der Banken und Kreditinstitute durch riskante Geldgeschäfte erst viel Geld und dann noch viel mehr Geld verloren haben. Doch wir haben aus der letzten großen Krise gelernt; Politiker rund um den Globus haben – mit Rat und Unterstützung von Ökonomen aus aller Welt – durch gezielte Eingriffe bisher das Schlimmste verhindert. Vor allem die Bankenrettungsprogramme haben verhindert, dass es eine Krise wie 1929 gab und voraussichtlich geben wird.

Auch damals platzte eine Blase an der New Yorker Börse; doch zu Beginn des 20. Jahrhunderts herrschte allgemein die Überzeugung vor, dass Auf- und Abwärtsbewegungen nun mal zu einer freien Marktwirtschaft dazugehörten. Man vertraute auf die Theorien des Ökonomen Adam Smith, der das freie Spiel der Kräfte und die Selbstregulierung der Märkte gepriesen hatte. Schon 150 Jahre zuvor, nämlich 1776, war sein berühmtes ökonomisches Hauptwerk *Wohlstand der Nationen* erschienen. Berühmt wurde vor allem der von ihm geprägte Begriff der »unsichtbaren Hand«, die dafür sorge, dass der Markt sich von allein zu seinem Besten entwickle, wenn jeder seine Eigeninteressen verfolge. Frei nach der Devise

»Wenn jeder an sich selbst denkt, ist an alle gedacht!« glaubte man auch angesichts der spektakulären Firmenpleiten nach dem Schwarzen Freitag 1929, dass sich der Markt früher oder später beruhigen werde. Langfristig, so vertröstete man die Betroffenen, werde sich der Markt erholen.

»Langfristig sind wir alle tot«, antwortete darauf ein anderer Ökonom, der die Krise miterlebte: John Maynard Keynes. Er entwickelte, auf diesen aktuellen Erfahrungen aufbauend, eine völlig andere Theorie. Die Wirtschaftskrise habe gezeigt, dass der Markt versagt habe. Es bedürfe staatlichen Handelns, um dieses Versagen zu verhindern oder wenigstens abzumildern. Wegen solcher Forderungen nach staatlichen Interventionen wird Keynes oft eher mit linken Theorien verbunden; gerade den sogenannten Neoliberalen gilt er als »Sozialist«, der statt einer Marktwirtschaft eine staatlich gelenkte Planwirtschaft befürwortete. Das ist aber völlig falsch: Keynes war ein überzeugter Marktökonom, der selbst gern an der Börse spekulierte und sich durch Aktiengeschäfte ein solides Vermögen aufbaute. Aber anders als Adam Smith, dessen »Laisser-faire-Wirtschaftsmodell« auf reinen (Moral-)Theorien beruhte, hatte Keynes aufgrund seiner realen Erfahrung von Marktversagen verstanden, dass staatliche Intervention gerade in Zeiten der Krise wichtig und notwendig sein kann. Keynes erkannte vor allem eines, nämlich dass die Märkte Vertrauen brauchen, also die Psychologie in der Ökonomie entscheidend sei: Nur wenn ein Unternehmer davon überzeugt ist, dass er seine Produkte später zu einem bestimmten Preis verkaufen kann, wird er entsprechend in die Produktion investieren.

Keynes entwickelte die Idee, dass eine erlahmte Wirtschaft

mit gezielten Konjunkturspritzen zu heilen sei; es ging ihm also nicht um die Abschaffung freier Märkte oder den Staat als alleinigen Unternehmer, sondern um staatliche Investitionen, die helfen, dass der Wirtschaftsmotor wieder von selbst fährt, eine Art Anlasser also. Politik muss – gerade in Krisenzeiten – in erster Linie Vertrauen in die Wirtschaft schaffen.

Genau das hat man in der aktuellen Krise exzellent umgesetzt: Durch die vielen internationalen Konjunkturprogramme hat die Politik Vertrauen zurückgebracht – was genau im Jahr 1929 falsch gemacht wurde. Das Laisser-faire, die unsichtbare Hand des Marktes à la Adam Smith, funktionierte nicht, damals so wenig wie heute. Also musste der Staat aktiv werden: Das Bankenrettungsprogramm dient dazu, die Gefahr einzudämmen, das Konjunkturprogramm dazu, die Wirtschaft wieder in Fahrt zu bringen.

In schlechten Zeiten Geld ausgeben, in guten Zeiten sparen

Keynes, der wohl einflussreichste Ökonom des 20. Jahrhunderts, war mit seinen Theorien prägend für die Jahrzehnte nach dem Zweiten Weltkrieg. Er war maßgeblich an der Konferenz von Bretton Woods 1944 beteiligt, wo eine neue Welt-Finanzarchitektur entworfen wurde, die auf einem System fester Wechselkurse mit dem durch Gold gesicherten US-Dollar als Leitwährung beruhte. Die Weltbank und der Internationale Währungsfonds (IWF) entstanden infolge der Konferenz von Bretton Woods und basieren letztlich auf den Ideen von Keynes.

In seinem Buch *A Treatise on Money* von 1930 entwickelte er die Theorie, dass Sparen nicht immer sinnvoll sei. Vor allem in einer Depression, wenn also die Umsätze in den Unternehmen ohnehin schon rückläufig seien, verschlimmere ein Sparprogramm die Lage, weil die Nachfrage dann noch stärker zurückgehe. Hier könne und müsse der Staat durch Investitionen gegensteuern. Da er dafür Schulden aufnehmen müsse – denn gerade in wirtschaftlich schlechten Zeiten verfüge er ja über keine hohen Steuereinnahmen – , müsse der Staat später, wenn die Wirtschaft erst mal wieder laufe, die Schulden wieder abbauen. Vereinfacht formuliert: In schlechten Zeiten muss der Staat Geld ausgeben, in guten Zeiten sparen.

Keynes' Ideen genossen bis in die 1970er Jahre hinein weltweit Anerkennung, fast alle westlichen Staaten folgten seinen Prinzipien. Dummerweise versäumten es die Politiker, die in schlechten Zeiten Schulden machten und mit staatlichen Konjunkturprogrammen die Wirtschaft ankurbelten, jedoch, in guten Zeiten Geld zurückzulegen. Offenbar fehlte es an Bewusstsein dafür, wie gut es einem tatsächlich schon ging; mancher merkte erst im Nachhinein, nämlich in Zeiten des Niedergangs, wie gut es ihm vorher gegangen war. So erschütterte die Ölkrise der 1970er Jahre die deutsche Wirtschaft doppelt, weil man in den prosperierenden 1960er Jahren keine Rücklagen gebildet hatte. Nun bekämpfte man die Rezession mit niedrigen Zinsen und schuldenfinanzierten Ausgaben. Ganz so, wie es Keynes empfahl. Doch statt Wachstum und Beschäftigung heizte man damit nur die Inflation an. Keynes schien widerlegt.

So kam es, dass sich in der Wirtschaftspolitik neue Ideen

und damit liberalere Prinzipien durchsetzten: Margret Thatcher und Ronald Reagan läuteten – unter dem Einfluss des Ökonomen Milton Friedman, der jede staatliche Intervention für falsch hielt – in den 1980er Jahren die Wende ein zu einer massiven Deregulierung und Privatisierung von bislang staatlich kontrollierten Aufgaben. Auch der deutsche Kanzler Helmut Kohl hätte gern mehr von Miltons Theorien umgesetzt, doch die Wiedervereinigung verlangte staatliche Eingriffe – ein marktwirtschaftliches Laisser-faire hätte hier den politischen Interessen diametral entgegengestanden.

Doch im angelsächsischen Raum feierten Milton Friedmans neoliberale Ideen einen wahren Triumphzug. In der Tat erlebte die Weltwirtschaft in den Jahrzehnten zwischen 1980 und 2000 ein immenses Wachstum, begleitet vom Ende des Sozialismus, dem Aufkommen der Globalisierung und dem Erstarken sogenannter Schwellenländer wie China und Indien. Die Anhänger liberaler Marktideen gewannen zunehmend die Oberhand; wer sich gegen den Trend auf Keynes berief und eine Regulierung der Märkte verlangte, galt als Ewiggestriger, der nicht verstanden hatte, wie Marktwirtschaft zu wahrer Blüte aufsteigen könne.

Doch die fehlenden Regeln führten zu Finanzgeschäften, die sich erst im Nachhinein als das entpuppten, was sie waren – riskant und substanzlos. Gier, Maßlosigkeit und das blinde Vertrauen auf die Selbstregulierungskräfte des Marktes führten dazu, dass die Wirtschaft zunehmend nur noch auf Pump lebte. Verbraucher wurden durch billige Kredite zum Konsum motiviert, die Kreditrisiken in komplizierten Finanzprodukten verpackt und auf einem internationalen Finanzmarkt verkauft, weiter verpackt und wieder verkauft, bis am Ende niemand mehr genau wusste, welches Risiko er eigentlich einging. Mit der amerikanischen Immobilienkrise, die Ende 2007 ihren Lauf nahm, setzte darum ein Dominoeffekt ein, dessen Verlauf immer noch nicht bis ins Letzte absehbar ist. Erst kippten die Hypothekenbanken, dann platzten die Kredite, die sich die Banken wechselseitig gegeben hatten, und allmählich bröckelte das gesamte Bankensystem. Da sich die Banken nunmehr sehr viel zurückhaltender bei der Vergabe von Krediten zeigten, ist mittlerweile auch die reale Wirtschaft jenseits der reinen Finanzmärkte von der Krise betroffen. Das System drohte als Ganzes zu kippen.

Wie Keynes schon sagte: Es ist alles Psychologie. Das Vertrauen schwand. Die internationalen Bankenrettungsprogramme haben hier wohl das Schlimmste verhindert, wenngleich immer noch nicht wirklich absehbar ist, wie viel »faule Kredite« noch in Umlauf sind. Doch wenigstens ist die Zuversicht wieder da.

Es ist wichtig, dass die Deutschen nicht in Panik verfallen, etwa Hamsterkäufe tätigen, nichts mehr ausgeben und nur sparen. Das scheint zu gelingen; die Konsumwerte haben in Deutschland bislang nur wenig nachgelassen. Vielleicht liegt das aber auch daran, dass jene Beschäftigungs- und Qualifizierungsprogramme, die in Amerika jetzt erst – übrigens unter Hinweis auf Keynes – aufgelegt werden, in Deutschland längst existieren. Der sogenannte »rheinische Kapitalismus« oder die »soziale Marktwirtschaft« nach Ludwig Erhard entlässt eben die Menschen in Krisenzeiten nicht auf die Straße, sondern fängt sie in Kurzarbeit oder Beschäftigungsgesellschaften auf. Gesundheitsversorgung und Bildung bekommen hierzulande auch die Ärmsten; in der hiesigen freien

Marktwirtschaft steckt zum Glück noch mehr Staat als in der angelsächsischen.

Das kann man der Regierung also zugutehalten: Sie hat vermieden, dass alle durchdrehen, und das war genau richtig, sonst hätten wir wieder die Situation wie 1929.

Tote Pferde oder Wie man der Krise trotzt

Der amerikanische Wirtschaftsnobelpreisträger Paul Krugman hält staatliche Ausgaben im Umfang von 4 Prozent des Bruttoinlandsproduktes (BIP) pro Jahr für nötig, und zwar »auf beiden Seiten des Atlantiks«. Nach seiner Ansicht sollten in den USA aufs Jahr betrachtet 600 Milliarden Dollar ausgegeben werden, in der EU rund 500 Milliarden Euro. Die EU-Staaten müssten demnach ihre Ausgaben, die sich selbst nach den Berechnungen der Kommission nur auf gut 250 Milliarden Euro pro Jahr belaufen, mehr als verdoppeln.

Konjunkturprogramme sind begrüßenswert, insbesondere wenn es kluge Ausgaben sind. Kritik wird in der Regel höchstens an Details geübt, so gelten etwa Konsumgutscheine als wirkungslose Strohfeuer. Mit ihnen wird zwar schnell viel Geld in Umlauf gebracht und kurzfristig der Konsum angekurbelt, doch langfristig ändert sich nichts. Solche Strohfeuer wären nicht nur aus wissenschaftlicher Sicht wirkungslos, sie widersprächen auch jeder Erfahrung; denn wenn etwas die deutsche Wirtschaft vor Schlimmerem bewahrt hat, dann doch die gerade in Krisen so treffliche Eigenschaft, langfristig zu denken und zu planen. Kurzfristige Gewinne in volatilen Märkten waren im Interesse jener Wirtschaftskräfte, denen man heute »Egoismus« und »Gier« vorwirft.

Unternehmen, die auf langfristige Renditen in sicheren Märkten setzten, stehen heute vergleichsweise gut da. Hier ein paar Beispiele:

Bilfinger Berger, ein Baukonzern aus Mannheim, informierte im Februar 2009 die Öffentlichkeit über ein Rekordergebnis. Damit übertraf der Konzern die eigenen Prognosen und die Erwartungen sämtlicher Analysten. In derselben, sonst durch die Krise arg gebeutelten Branche glänzen auch der Essener Baukonzern Hochtief und die Strabag mit Rekordbilanzen.

Im Einzelhandel wartete jüngst die Handelskette Intersport mit Wachstumszahlen auf und gab an, im nächsten Winter 5 bis 10 Prozent mehr Ware umsetzen zu wollen.

Auch die Bioladenkette Bio Company geht im Krisenjahr 2009 ganz gegen den Trend auf Expansionskurs. Zu den bestehenden 14 Filialen in Berlin sollen mindestens drei neue in Hamburg dazukommen.

Es gibt sogar eine Bank, die das Wort Krise nicht kennt: Die Umweltbank in Nürnberg konnte 2008 das Anlagevolumen um 13 Prozent und den Gewinn um ein Prozent steigern. Das solide Kreditgeschäft in der wachsenden Ökobranche machte es möglich.

Die Liste ließe sich fortsetzen. Es gibt eine Vielzahl von Unternehmen, an denen die Krise mehr oder weniger spurlos vorübergeht – und das, obgleich auch sie in konjunkturabhängigen Wirtschaftsbranchen tätig sind. Sie haben sich bloß frühzeitig auf relevante neue Märkte konzentriert und in langfristiges Wachstum investiert.

Im allgemeinen Gejammer ging so manche gute Nachricht völlig unter. Als sich die ganze Nation darum sorgte, wie sich die etwa 26 000 Beschäftigten der deutschen Opel-Werke vor der Arbeitslosigkeit retten ließen, verkündete beispielsweise fast unbemerkt von der Öffentlichkeit der Bundesverband Erneuerbare Energien einen wachsenden Personalbedarf in seiner Branche: Mittlerweile sind 280 000 Menschen im Bereich erneuerbare Energien beschäftigt. Bis 2020 werden es nach vorsichtigen Schätzungen etwa 500 000 Menschen sein, das heißt: Es werden jedes Jahr mindestens 20 000 Beschäftigte zusätzlich eingestellt, wenn nicht mehr. Allein im Jahr 2008 sind 30 000 neue Arbeitsplätze in dieser Branche entstanden.

Gefragt sind vor allem Energietechnik-Ingenieure, die in der Konstruktion, Produktion oder der Forschung und Entwicklung arbeiten können. Aber auch Fachkräfte aus klassischen Handwerksbetrieben wie Schweißer oder Stahlbauer werden zum Beispiel von Windenergie-Unternehmen händeringend gesucht. Anders gesagt: Die Opelaner müssen nicht wirklich Sorge um einen Arbeitsplatz haben. Sie müssten nur die Branche wechseln!

In vielen Büros prangt die angebliche Weisheit der Dakota-Indianer auf Plakaten an der Wand über dem Fotokopierer: »Wenn du entdeckst, dass du ein totes Pferd reitest, steig ab!« Darunter steht dann etwas kleiner gedruckt eine lange Aufzählung, welche Strategien die Menschen im Berufsleben stattdessen ausprobieren: »Wir wechseln die Reiter«, heißt es da beispielsweise, oder: »Wir bilden eine Task-Force, um das tote Pferd wiederzubeleben.« Auch originell ist: »Wir gründen einen Arbeitskreis, um das Pferd zu analysieren.« Und besonders beliebt: »Wir ändern die Kriterien, die besagen, ob ein Pferd tot ist.«

Nun, Opel ist nicht tot. Auch die Autobranche liegt nicht als Ganze im Sterben. Aber noch wissen wir nicht, welche der überzähligen Autokonzerne von uns gehen werden. Es ist jedoch nicht zu übersehen, dass bestimmte Branchen gerade zum Leben erwachen, Pferde, die aufzusatteln sich lohnen könnte. Natürlich kann niemand vorhersagen, welches Pferd eines Tages das Rennen machen wird, aber unbestreitbar stammen die besten Gäule derzeit aus den Ställen, die erkannt haben, dass Energiewende und Klimawandel die bestimmenden Themen der nächsten Jahrzehnte sein werden.

Kehrtwende der Industrie: »Klimaschutz als Wachstumschance«

Ende März trat sogar der Bundesverband der Deutschen Industrie (BDI) an die Öffentlichkeit und bekannte sich entschlossen zum Klimaschutz. Das kam doppelt überraschend. Noch zwei Jahre zuvor hatte der BDI ganz andere Töne angestimmt. Man hatte zwar schon 2007 eine BDI-Initiative »Wirtschaft für Klimaschutz« gegründet, dies aber ganz offensichtlich eher, um die Politik in ihrem Engagement zu bremsen, als sie darin zu unterstützen. Der damalige BDI-Präsident Jürgen Thumann jedenfalls hatte die seinerzeit sehr für Klimaschutz engagierte Kanzlerin Angela Merkel vor einer Vorreiterrolle Deutschlands beim Klimaschutz gewarnt. Schon eine Reduktion des CO_2-Ausstoßes um 20 Prozent bis 2020 sei äußerst ehrgeizig. Das könne man anpeilen, aber man solle es nicht verbindlich machen.

Damals hatte man das Lieblingslied aller Klimaschutzvermeider angestimmt, welches in etwa lautete: »Wir machen nur mit, wenn alle mitmachen.« Und dann mit dem Finger auf die anderen gezeigt. Ein Pingpong-Spiel, mit dem sich China und die USA jahrelang aus allen verbindlichen Klima-Vereinbarungen herausgehalten haben.

Genau zwei Jahre später, nämlich im März 2009, präsentierte der neue BDI-Präsident Hans-Peter Keitel eine vom BDI und McKinsey erstellte Studie, die nicht nur deutlich macht, dass die ehrgeizigen 20 Prozent Reduktion leicht auf 30 Prozent Reduktion gesteigert werden könnten und die Kosten dafür zu großen Teilen unter den dadurch zu erwartenden Erträgen lägen. Diese Studie ist nicht neu, sie wurde bereits im Herbst 2007 zum ersten Mal veröffentlicht und jetzt nur überarbeitet. Neu ist allerdings der Grundtenor des BDI: Mit Klimaschutz lässt sich langfristig sogar Geld verdienen!

Auf der eigens für dieses Thema vom BDI geschaffenen Webseite (www2.wirtschaftfuerklimaschutz.de/index.html) darf man nun Schlagzeilen wie diese lesen: »Klimaschutz als Wachstumschance«. Darunter steht dann mit genauso großer Selbstverständlichkeit: »Mit der Innovationskraft der deutschen Industrieunternehmen und dem weltweiten Einsatz unserer Technologien können das Klima wirksam geschützt und die Wachstumsperspektiven verbessert werden.«

Ich erinnere mich an viele, viele Podiumsdiskussionen mit Vertretern des BDI, welche immer behaupteten, der Klimaschutz schade der Wirtschaft. Darum freue ich mich umso mehr, dass nun auch der BDI die Wirtschaftschancen erkannt hat. Das Bekenntnis des Großunternehmens Siemens zum Klimaschutz auf den großseitigen Anzeigen in der *FAZ*, wo der Konzern seitenweise seine Klimaschutzaktivitäten aufzählt, macht Mut – und das ist genau richtig! Klimaschutz zahlt sich aus, nicht nur für Siemens. Es klingt fast, als hätten sie aus meinem Buch abgeschrieben: »Ambitioniert, aber machbar – bis 2020 kann die deutsche Wirtschaft die Treibhausemissionen um ca. 30 Prozent gegenüber dem Niveau von 1990 senken.« So spricht der BDI heute. Wunderbar!

Vor allem in Zeiten wie diesen. Denn in der Wirtschaftskrise war vielen die Lust auf Klimaschutz vergangen. Der Zeitpunkt der Veröffentlichung ist die zweite, vielleicht größere Überraschung an dem BDI-Bekenntnis zum Klimaschutz.

2: Der Klimawandel

Startschuss
für das Wettrennen um die »Green Leadership«

Die Finanzkrise hatte das Thema Klimawandel zeitweilig fast völlig aus dem öffentlichen Bewusstsein verschwinden lassen. Mit Milliardensummen werden seit dem Spätsommer 2008 Banken und Unternehmen vor dem Bankrott gerettet, weil sie als systemrelevant gelten. Das Klima jedoch, das noch beim Weltwirtschaftsgipfel in Heiligendamm 2007 ganz oben auf der politischen Agenda stand, war mit einem Mal von der politischen Tagesordnung verschwunden. Monatelang sprach niemand mehr über Klimaschutz und die Vermeidung von Treibhausgasen.

Und das, obwohl bereits im Dezember 2009 der nächste große Klimagipfel in Kopenhagen ansteht, auf dem endlich ein neues weltweites Klimaschutzabkommen vereinbart werden soll. Es geht um nichts Geringeres, als ein Nachfolgeabkommen für den Vertrag von Kyoto auszuhandeln, der im Jahr 2012 ausläuft. Vor allem die USA und die aufstrebende Wirtschaftsnation China, die beiden größten Emittenten von klimaschädlichen Treibhausgasen, haben bislang wenig Interesse gezeigt, sich mit konkreten Vorgaben zur CO_2-Minderung in die Pflicht nehmen zu lassen.

Doch mit seiner allerersten Erklärung am 18. November 2008 entriss der frisch gewählte amerikanische Präsident

Barack Obama das Thema dem kurzzeitigen globalen Vergessen: Eine Leugnung des Problems sei keine annehmbare Antwort auf die Erderwärmung, betonte er und versprach, großen Anteil an den Weltklimaverhandlungen im polnischen Posen (Poznan) zu nehmen, wenngleich er auch selbst nicht teilnehmen könne, da er zu diesem Zeitpunkt noch nicht Präsident sei.

Damit vollzog Obama nicht nur eine komplette Kehrtwende in der klimapolitischen Ausrichtung der USA, sondern preschte zugleich an die Spitze einer neuen Bewegung vor, die sich bald unter dem Begriff »Green New Deal« sammeln sollte.

Es war schon lange vor der Wahl klar gewesen, dass der neue US-Präsident vielerlei verändern würde und sich im Speziellen vorgenommen hatte, die vergangene Blockadepolitik à la Bush in Klimafragen hinter sich zu lassen. Interessant war, dass er die USA nun gleich als »Welt-Führer« in Sachen Klimaschutz positionieren wollte. Entschlossen kündigte er ein System zum Emissionshandel an, das den Ausstoß der klimaschädlichen Treibhausgase bis zum Jahr 2020 auf das Niveau von 1990 verringern solle. Bis zum Jahre 2050 sollten die Emissionen gar um 80 Prozent gesenkt werden.

Es war, als hätte er damit den Startschuss für ein neuartiges Wettrennen um die globale Leadership in Klimafragen gegeben. Plötzlich wollte jeder die Führerschaft übernehmen: Großbritannien verabschiedete das erste Klimaschutzgesetz weltweit, welches vorsieht, dass die Treibhausgasemissionen bis zum Jahre 2050 um 80 Prozent sinken sollen. Der amerikanische Präsident übertrumpfte dieses Gebot, indem er mit den Zielvorgaben für 2050 gleichzog, aber zudem ankündigte, in den kommenden 10 Jahren 15 Milliarden Dollar (12 Milliarden Euro) in eine Zukunft mit sauberer Energie zu investieren. Das Geld solle für Solar- und Windenergieprojekte sowie für die Entwicklung neuer Biokraftstoffe ausgegeben werden. Zusätzlich sind die Unterstützung von kleinen und mittleren Unternehmen im »Green Tech«-Bereich mit einer Milliarde Dollar pro Jahr und Ausbildungs- und Umschulungsprogramme in diesem Wirtschaftszweig geplant. Unter anderem soll das kurzfristige Ziel erreicht werden, den Anteil erneuerbarer Energien an der Stromerzeugung bis 2012 um einen Prozentpunkt auf 10 Prozent zu erhöhen.

Polen 12/08: Der Klimawandel wartet nicht!

Das Signal des designierten US-Präsidenten kam genau zur richtigen Zeit – kurz vor der richtungweisenden UN-Klimakonferenz Anfang Dezember in Polen. Für Insider war damit klar, dass man das wichtigste Ergebnis dieser Konferenz erreichen würde: Der in den Jahren zuvor entwickelte Zeitplan würde eingehalten und nicht durch die Finanzkrise in Frage gestellt. Die Finanzkrise, so schlimm sie auch sein mochte, sollte auf keinen Fall dazu führen, dass das Abkommen, welches Ende 2009 in Kopenhagen die zukünftigen Klimaschutzziele festlegt, zeitlich nach hinten verschoben wird.

Denn eines steht fest: Der Klimawandel wartet nicht. Er kommt, egal wie viel Geld wir in der Kasse haben und ob wir ihn uns leisten können oder nicht. Wenn wir nichts tun, wird er uns viele Milliarden kosten. Es ist also Eile geboten. Je früher wir anfangen, Maßnahmen zum Klimaschutz zu ergreifen, desto billiger werden wir dabei wegkommen.

Die Devise der klugen Voraussicht lautet nunmehr: Es gibt keine weitere Zeit zu verlieren! Die Finanzkrise darf nicht als Alibi gegen Klimaschutz missbraucht werden. Denn die Finanzkrise wird irgendwann vorbei sein, die Energie- und Klimakrise stehen dann aber erst noch bevor.

In Zeiten der Rezession und des wirtschaftlichen Einbruchs werden die Emissionen ohnehin zurückgehen, einfach weil weniger Produktion auch weniger Ausstoß von Treibhausgasen verursacht. Insofern werden sich bestimmte Emissionsminderungsziele vielleicht leichter durchsetzen lassen. Andererseits ist es natürlich wichtig, auch in wirtschaftlichen Aufschwungphasen Klimaschutzziele zu erfüllen.

Wirtschaftswachstum und Klimaschutz schließen sich nicht aus, im Gegenteil: Es geht ja gerade um die Entkopplung von Wirtschaftswachstum und fossilem Energieverbrauch. Aber kann sich diese wissenschaftliche Erkenntnis wirklich politisch durchsetzen lassen?

China beispielsweise hatte sich in den letzten Jahren geweigert, seine Emissionen zu reduzieren, und zwar genau mit dem Hinweis, dass wirtschaftliches Wachstum wichtiger sei. Auch andere Schwellenländer pochten quasi auf dasselbe Verschmutzungsrecht wie die westlichen Industrienationen, die jahrelang ohne Rücksicht auf ökologische Folgen Emissionen in die Luft gepustet hatten. Es sei ungerecht, wenn China, das sich ja erst im Frühstadium der Industrialisierung befinde, nun denselben Beitrag leisten solle wie die westlichen Industrienationen. Das wäre so, als ob man einem Restaurantgast, der nur zum Dessert eines Fünf-Gänge-Menüs geladen ist, die Rechnung für das komplette Menü vorlegte. Und solange die USA, obgleich größter Emittent der Welt, keinen Beitrag zur

Reduktion von Treibhausgasen leisteten, verweigerte China jegliche Kooperation, obgleich die Volksrepublik in puncto Emission den Vereinigten Staaten in nichts mehr nachstand.

Vor diesem Hintergrund war das vorzeitige Bekenntnis des designierten US-Präsidenten zum Klimaschutz ein wichtiges politisches Signal. Tatsächlich gelang im Dezember 2008, was viele schon nicht mehr geglaubt hatten: Das EU-Energie- und Klimapaket wurde auf den Weg gebracht. Das Ziel, die Treibhausgase bis zum Jahr 2020 um 20 Prozent zu senken, die Energieeffizienz deutlich zu erhöhen und den Anteil der erneuerbaren Energien auf 20 Prozent auszubauen, wurde nicht in Frage gestellt. Das Trio Barroso, Sarkozy und Merkel hatte ganze Arbeit geleistet – mit förderlichem Rückenwind aus Westen von Übersee.

Die Konferenz in Polen beschloss, Ende 2009 in Kopenhagen verbindliche Klimaschutzziele zu vereinbaren – gemeinsam mit den USA, Japan, Australien und Kanada. Mehr konnte man nicht erwarten. Sicherlich, den Umweltschützern geht es nicht schnell genug, und den Ewiggestrigen ist jeglicher Klimaschutz zu viel. Fakt ist aber, dass es ein Kraftakt und ein Erfolg war, das Abkommen überhaupt auf den Weg zu bringen. China und Indien werden voraussichtlich nicht schon 2009 in Kopenhagen irgendwelche Emissionsminderungsziele akzeptieren. Doch wenn die USA, die EU, Japan und Australien sich auf ein richtungweisendes Abkommen einigen können, werden früher oder später auch diese Länder nachziehen.

Washington und Peking 01/09:
Die Klimaschutzlawine rollt

Mit der Konferenz in Polen kam der Stein ins Rollen. Und fortan nahm die Klimaschutzlawine sehr schnell Fahrt auf: Als Ende Januar Barack Obama sein neues Amt antrat, ernannte er den Physiknobelpreisträger Steven Chu zum Energieminister. Eine denkwürdige Berufung:

Steven Chu macht sich nicht nur schon lange für eine intensive Erforschung regenerativer Energien stark, er ist als Klimaschützer Mitglied des Copenhagen Climate Council, einer Vereinigung von 30 renommierten Vertretern aus Wirtschaft, Wissenschaft und Politik, die im Vorfeld der UN-Klimakonferenz in Kopenhagen im Dezember 2009 das öffentliche Augenmerk auf das zentrale Thema Klimaschutz lenken wollen. In seinem Manifest erklärt das Copenhagen Climate Council, es halte als Klimaschutzziel eine deutliche Begrenzung des weltweiten CO_2-Ausstoßes auf 450 ppm für richtig, wichtig – und auch erreichbar.

Die Ernennung von Steven Chu zum Energieminister war mehr als ein symbolischer Akt, sie war eine klare Entscheidung für einen Richtungswechsel in der amerikanischen Klimapolitik. Zudem berief Obama die frühere Leiterin der US-Umweltschutzbehörde EPA, Carol Browner, auf eine neu geschaffene Position zur Koordinierung von Energie-, Klima- und Umweltpolitik ins Weiße Haus. Die von den Medien als »Climate Czar« – »Klima-Zar« gefeierte Politikerin gilt als enge Vertraute von Al Gore, dem wohl berühmtesten Klimaschützer der Welt.

Schon im Februar griff die neue US-Außenministerin Hillary Clinton das von Obama ins Rennen geworfene Klima-Staffelholz auf und nahm es mit nach Peking, wo sie dem chinesischen Regierungschef Wen Jiabao eine neue Ära in den Beziehungen beider Länder ankündigte. Man sitze schließlich in der Wirtschaftskrise und beim Klimawandel im selben Boot. Ohne die Kooperation der reichsten Industrienationen und des größten Entwicklungslandes der Erde sei weder die Finanzkrise zu bewältigen noch die Bedrohung durch die Erderwärmung.

Das Land der Mitte zeigt sich nach dem Wechsel in der US-Regierung prompt kooperativ. Im März dieses Jahres schloss China mit der EU eine Vereinbarung zur Gründung eines »Institutes für saubere und erneuerbare Energie«. Das in Peking ansässige Klimainstitut erhält EU-Mittel in Höhe von 10 Millionen Euro und soll Experten für erneuerbare Energien zusammenführen. Zudem wollen China und die EU in Fragen der Energieeffizienz und bei der umweltschonenden Verbrennung von Kohle zusammenarbeiten.

Die chinesische Wirtschaft reagierte umgehend: Das Unternehmen China Energy Recovery, einer der weltweit führenden Anbieter von Anlagen zur Wiederverwertung industrieller Abwärme, verbuchte bereits im ersten Quartal 2009 ein Auftragsvolumen von 30 Millionen US-Dollar, mehr als der Gesamtumsatz in 2008. Durch die Nutzung von industrieller Abwärme lässt sich Energie in erheblichem Ausmaß sparen. Studien zufolge könnten beispielsweise in den USA 20 Prozent des gesamten Strombedarfs gedeckt werden, wenn dort sämtliche industrielle Abwärme zur Stromgewinnung genutzt würde. Die chinesische Industrie, die bislang in hohem Maß Energie verschwendete, hat diese umweltfreund-

DER KLIMAWANDEL

lichen und kostengünstigen Mittel zur Effizienzsteigerung jetzt offenbar entdeckt. Auch investiert man dort mittlerweile stark in erneuerbare Energien, aber auch in die Verbesserung der Energieeffizienz. Nur so lässt sich erklären, dass zwar der Energieverbrauch in China im Februar 2009 um 15 Prozent zulegte, der Ölimport jedoch im selben Zeitrahmen um 15 Prozent sank. Selbst wenn Chinas Ölkonzerne die Fördermenge ausgebaut haben sollten und man eventuell Lagerbestände abgebaut hat, muss für diese starke Veränderung auch der Anteil an erneuerbaren Energien ausgebaut worden sein. Dazu passt, dass in der Qaidam-Wüste im Nordwesten von China ein Solarkraftwerk für 150 Millionen Dollar errichtet werden soll. Entstehen wird zunächst eine 30-Megawatt-Anlage, die dann nach und nach erweitert werden soll. Damit wollen die Unternehmen China Technology Development Group (CTDG) und die Qinghai New Energy Group in Zukunft bis zu einem Gigawatt klimafreundlichen Strom produzieren.

Auch mit Deutschland hat China Ende Januar in puncto Klimaschutz erste Allianzen in den Bereichen, Energie, Forschung und Technologie geschlossen. Die beiden Staaten verabredeten die Einrichtung einer hochrangigen Arbeitsgruppe unter Federführung des deutschen Bundesumweltministeriums und der chinesischen Nationalen Entwicklungs- und Reformkommission.

Kopenhagen 12/09: Fortsetzung folgt

Und so geht es weiter. Bestes Beispiel für die Dynamik, die mit der neuen US-Regierung in Gang gekommen ist, ist die Herangehensweise an den CO_2-Handel.

Der sogenannte Emissionshandel war einer der wichtigsten Punkte des Kyoto-Protokolls 1997. Er ist und bleibt das sicherste und effizienteste Instrument zur Senkung der CO_2-Emissionen. Die Grundidee ist, Emissionen mit einem Preis zu versehen. Je mehr Emissionen jemand in die Luft pustet, desto teurer wird es für ihn. Das Emissionsvolumen wird allerdings begrenzt – gedeckelt. Deswegen wird dieses System als »Cap and trade« – Deckeln und Handeln – bezeichnet. Sobald die Nachfrage höher ist als das Angebot, also mehr Emissionsrechte gebraucht werden, als im Markt vorhanden sind, steigt der Preis. Bei hohen Preisen lohnt es sich, Maßnahmen zu ergreifen, um Emissionen zu sparen.

So simpel und überzeugend die Idee auch ist, so schwierig bleibt die Praxis. Denn richtig funktionieren kann der Emissionshandel erst, wenn wirklich alle mitmachen. Es ist ökonomisch gesehen ineffizient, wenn ein Teil der Welt Emissionen bezahlen muss und deswegen möglichst viel davon spart, während der übrige Teil der Welt die Emissionen kostenlos herausblasen darf. Es droht das sogenannte »Carbon Leakage«, nämlich das Phänomen, dass Unternehmen ihre Produktionsstätten einfach in Länder ohne Klimaschutzauflagen verlagern, um Emissionskosten zu vermeiden. Solange der Emissionshandel nicht weltweit verpflichtend ist, hätten Unternehmen in der EU, die dem Emissionshandel unterworfen sind und hohe Energiekosten haben, gegenüber Unternehmen aus Ländern ohne Auflagen einen Wettbewerbsnachteil. Deswegen den Emissionshandel aufzuweichen wäre jedoch die falsche Richtung. Andersherum wird ein Klimaschuh daraus: Möglichst viele Länder müssen den Emissionshandel einführen. Genau deswegen war ja das Kyoto-Protokoll ein so wichtiger erster Schritt, weil sich bereits zahlreiche Länder dem Prinzip Emissionshandel verschrieben haben.

Ausgerechnet die USA, die mit sehr hohen Emissionen enorm zum Klimawandel beitragen, hatten sich jedoch dem Klimaschutzpakt bisher nicht angeschlossen. Auch China hat sich nicht entschließen können, Emissionsminderungsziele verbindlich festzulegen. Das Land, das in den letzten Jahren einen wirtschaftlichen Aufschwung ohnegleichen erlebt und dessen CO_2-Ausstoß mittlerweile den der Amerikaner überholt hat, war nicht bereit, das Wachstum durch Klimaschutzziele zu gefährden. Fairerweise muss man aber sagen, dass der Pro-Kopf-Ausstoß Chinas deutlich unter dem in den USA und der EU liegt und somit verständlicherweise aus Sicht Chinas erst einmal die Industrieländer und Verursacher die Treibhausgase eindämmen müssten.

Das Kyoto-Protoll hat wichtige Emissionsreduktionen einzelner Länder festgelegt, auch wenn sie aus Klimasicht noch zu gering sind. Trotzdem: Jede beteiligte Industrienation hat individuelle, verbindliche Reduktionsziele. Außerdem schuf man eine abgespeckte Version des Emissionshandels: In begrenztem Umfang durften genau definierte Länder mit anderen ebenfalls genau definierten Ländern auf bestimmte Weise Emissionsrechte handeln.

Innerhalb von Europa, das als Ganzes seine Emissionen um 8 Prozent reduzieren muss, hat man, quasi als Testballon, 2005

einen Emissionsrechtehandel eingeführt, der vom internationalen Emissionsrechtehandel des Kyoto-Protokolls zu unterscheiden ist: Während am internationalen Handel auch Russland, Japan, Kanada und Australien teilnehmen, dürfen am
EU-Handel zunächst einmal nur die 27 EU-Länder teilnehmen.

Bei der nächsten großen Klimakonferenz in Kopenhagen
Ende 2009 wird es darum gehen, genau diese Vereinbarungen
von Kyoto weiterzuführen. Es geht um das wichtige Folge-
abkommen. Und alle Klimaschützer hoffen darauf, dass dieses Mal auch die großen Emissionsländer USA und China
dem Klimapakt beitreten.

Dafür müssten sich aber zunächst erst einmal die Klimaschützer in den Vereinigten Staaten durchsetzen. Zwar gibt es
bereits regionale Programme – etwa in Kalifornien oder im
Mittleren Westen (Illinois bis Wisconsin) – zur Reduzierung
der CO_2-Emissionen, aber die amerikanische Bundesregierung
hat bislang keine aktive Rolle im Klimaschutz übernommen.
Schon seit einigen Jahren laufen im Kongress Anhörungen
zu verschiedenen, zum Teil sehr weitgehenden Vorschlägen.
Doch erst mit der neuen Regierung ergibt sich eine reale
Chance, dass es zu einem Kompromiss zwischen den bislang
in der Klimafrage Zerstrittenen kommt: dem Weißen Haus,
dem Senat und dem Repräsentantenhaus. Erst dann kann die
neue US-Regierung ihre Ziele erreichen und ernsthaft die
weltweite Vorreiterrolle im Klimaschutz übernehmen.

DER KLIMAWANDEL

3: Die Trendwende

Ach, so einfach geht das!?

Siehe da! Die Signale aus den USA werden bereits jetzt gehört – zurückhaltend noch, aber doch mit vereinzelten Bekenntnissen, die beweisen, dass der Wind mal wieder aus Westen weht. Plötzlich ist Klimaschutz aufs Neue weltweites Thema. Jetzt begreifen immer mehr Menschen, dass die Negativszenarien, die Klimawissenschaftler rund um den Globus seit Jahren an die Wand malen, keine Hirngespinste verrückter Professoren, sondern ernst zu nehmen sind.

Es sind nicht die Politiker, die derzeit vorausschauend die großen Fragen unserer Zeit – Umweltschutz, Klimaschutz, Energiesicherheit – in Angriff nehmen, sondern die Bürger. Als »lifestyle of health and sustainability«, kurz LOHAS (Lebensstil der Gesundheit und Nachhaltigkeit), bezeichnen Sozialforscher das neue Bewusstsein der Konsumenten, die durch ihre Kaufentscheidungen die Wirtschaft zum Umdenken bewegen. Was als kleine Modewelle startete, ist inzwischen eine Massenbewegung: Waren es noch im Mai 2008 nur 18 Prozent der Bürger, die laut einer Umfrage des Bundesverkehrsministeriums die Verantwortung für den Klimaschutz bei sich selbst sahen, während jeder Zweite (53 Prozent) erwartete, die Wirtschaft müsse aktiv werden, so waren es Anfang 2009 schon 57 Prozent, die befanden, »jeder Einzelne«

könne am meisten erreichen, und nur noch jeder Vierte (23 Prozent) die Wirtschaft in der Vorreiterrolle sah.

Täglich übertreffen sich Politiker, Wirtschaft und Medien mit neuen Meldungen zum Klimaschutz. Der neue Bundeswirtschaftsminister zu Guttenberg sieht im Klimaschutz den Weg aus der Krise. Der Bundespräsident ruft in seiner Berliner Rede zum Klimaschutz auf und bestätigt die Thesen der Umweltökonomen. Johannes B. Kerner widmet sich in einer ZDF-Sendung komplett dem Klimaschutz und wechselt in der Sendung auf Energiesparlampen. Die nun plötzlich bläulich beleuchteten Gesprächsteilnehmer rufen allesamt zum Klimaschutz auf – und eine ZDF-Moderatorin im Mutterschutz muss von Öko-Windel bis ÖPNV (öffentlicher Personennahverkehr) alles ausprobieren und erstaunt feststellen: Ach, so einfach geht das!?

Ja, so einfach geht das! Wenn die Sache erst mal gegen die Wand gefahren ist, ist Umdenken ganz simpel. Offenbar hat die Krise die Bürger wachgerüttelt. Sie befördert eine neue politische Kultur, die nach Verantwortlichkeiten fragt und jeden Einzelnen in die Pflicht nimmt. Moral und Ethik stehen plötzlich hoch im Kurs. Und man stellt wieder die Systemfrage. Engagiert wird allerorten diskutiert, was vor wenigen Jahren – nach dem Ende der sozialistischen Staaten der ehemaligen Sowjetunion und Osteuropa – noch undenkbar schien: Ist der Kapitalismus zeitgemäß?

Er lodert hier und dort wieder auf, der alte Ökonomenstreit, der die Lager entzweit: auf der einen Seite diejenigen, die den freien Markt mit seinen selbstheilenden Kräften und ohne Regulierung als die einzige Form der Wohlstandsschaffung sehen; auf der anderen Seite diejenigen, die den Staat allein agieren lassen wollen und ein eigenes Wirtschaftssystem ablehnen. Vor Jahrzehnten haben sich ganze Länder an der Systemfrage entzweit. In der heutigen Welt haben wir verstanden, dass der Markt allein nicht nur Wohlstand hervorbringt, sondern auch soziale Ungleichheiten und Fehlentwicklungen, wie die Finanzkrise derzeit eindrucksvoll zeigt. Doch ist die Finanzkrise wirklich ein Beleg dafür, dass der Kapitalismus ausgedient hat?

Interessanterweise herrscht bei allen – egal wie hitzigen – Diskussionen am Ende freilich eine gewisse Einigkeit: Nicht der Kapitalismus an sich sei der Grund allen Übels, sondern Gier, Maßlosigkeit und fehlende Regulierung führten zu Fehlentwicklungen. Die Mehrheit wünscht so viel Markt wie möglich und so viel Staat wie nötig. Die Prinzipien der sozialen Marktwirtschaft erfreuen sich größter Beliebtheit – interessanterweise auch und gerade bei denjenigen Ökonomen, die bis vor Kurzem noch lautstark den Markt als alleinigen Heilsbringer gepriesen hatten. Sie fordern derzeit gern den Staat als aktiven Akteur. Der Krise sei Dank, auch Ideologen kommen zur Vernunft!

Wir Umweltökonomen haben ja schon seit jeher darauf hingewiesen, dass die reine Marktwirtschaft Ineffizienzen hervorbringen kann. »Marktversagen« hieß das Pfui-Wort, das man in der Ökonomie nicht verwenden konnte, ohne von überzeugten Marktanhängern beschimpft zu werden. Man solle, statt den Markt überzuregulieren, lieber auf das freie Spiel der Marktkräfte vertrauen. Genau das hat Deutschland jahrelang getan – im Finanzsektor, wo wir jetzt die Quittung der Deregulierung bekommen, aber auch im Klimaschutz und im Energiesektor, wo wir kurz vor dem Kollaps stehen.

Klimaschutz und Energiesicherheit –
Zwei Seiten derselben Medaille

Was derzeit leider nur die wenigsten durchschauen, ist die Komplexität von Klimaschutz, Energiemarkt und Weltwirtschaft. Genau wie im Finanzsektor stehen die Dinge miteinander in wechselseitigem Abhängigkeitsverhältnis und sind weitaus komplexer, als man gemeinhin denkt. Während man noch vor wenigen Monaten achselzuckend auf das kreditfinanzierte Konsumverhalten der Amerikaner schaute, haben heute viele Bürger (oft sehr schmerzhaft) begriffen, dass die Geldanlage zur persönlichen Alterssicherung auch und sogar in Hintertupfingen durchaus mit dem riskanten Immobiliengeschäft in Westvirginia zusammenhängt. Der deutsche Rentner ist Teil eines weltweiten Geldmarktes und der Wert seines Häuschens auf der Schwäbischen Alb abhängig vom Aktienmarkt in Tokio und New York. Wer hier allein auf den Markt vertraut, läuft Gefahr, irgendwann mit leeren Händen dazustehen. Die internationale Staatengemeinschaft muss zumindest grobe Spielregeln festlegen, um schlimmste Sabotagen und Gaunereien zu unterbinden – besser noch strenge Regulierungen, die einen Wettbewerb ermöglichen, ohne den freien Handel zu sehr einzuschränken.

Das hat die Krise so deutlich gemacht wie nie zuvor. Selbst die eingefleischtesten Marktverfechter sind kleinlaut in die Reihen der vormals so verhassten »Keynesianer« zurückgetreten. Regulierung gehört zur Ökonomie wie der Schiedsrichter zum Fußballspiel.

Nicht anders verhält es sich mit Klimaschutz und Energiesicherheit. Sie sind zwei Seiten derselben Medaille. Wer glaubt, er könne es sich leisten, nicht über Klimaschutz nachzudenken, wird spätestens dann aus seinem Luxustraum erwachen, wenn er die Rechnung für Heizung und Benzin nicht mehr bezahlen kann. Die steigenden Energiepreise der letzten Jahrzehnte sind nur ein Warnsignal für das, was uns erwartet. Die Rohstoffe, die wir derzeit als Energiequellen nutzen, sind nicht endlos verfügbar – und auch nicht frei.

Deutschland ist – ebenso wie alle anderen EU-Staaten –, in puncto Energieversorgung in hohem Maß von Importen aus aller Welt abhängig. Ob Strom, Benzin, Heizöl oder Erdgas – in fast allen Bereichen der Energieversorgung sind wir darauf angewiesen, dass die Rohstoffe in ausreichender Menge aus anderen Ländern geliefert werden. Auch für die heimischen Kraftwerke importieren wir die Rohstoffe, egal ob Kohle, Erdgas oder Uran.

Hier gibt es nun verschiedene beunruhigende Szenarien. Zum einen sind die Rohstoffe nur begrenzt vorhanden. Die Ölvorräte beispielsweise reichen vielleicht noch einige Jahrzehnte, aber auch das nur, wenn das schwarze Gold mit entsprechend viel Aufwand aus der Erde gepumpt wird. Und wenn »schmutzige« Technik wie die Kohleverflüssigung und Kohlevergasung wieder ins Spiel kommt – die Schmutzschleudern, Energieverschwender und Klimakiller schlechthin. Die Kosten dafür steigen immens. Deswegen muss man damit rechnen, dass schon in den nächsten 10 bis 20 Jahren der Ölpreis auf ein Niveau steigen wird, das auch die Förderung von verborgeneren Ölvorkommen rentabel macht. Um es deutlicher zu formulieren: Es wird gewiss noch eine Zeitlang Öl geben. Die Frage ist nur, wie lange wir es uns noch leisten können.

Zum anderen sind manche Rohstoffe wie etwa Gas so unglücklich auf der Welt verteilt, dass wir mit politisch unzuverlässigen Staaten Geschäfte machen müssen. Deutschland bezieht derzeit über 40 Prozent seiner Gasimporte aus Russland. Tendenz steigend: Mit dem Rückgang des Gases aus den Niederlanden, England und Norwegen und durch die neue Ostseepipeline, die Gas direkt aus Russland nach Deutschland bringen soll, werden sich die Gasimporte aus Russland auf über 50 Prozent erhöhen. Dass derlei nicht ungefährlich ist, können wir beim jährlich wiederkehrenden »Gasstreit« lernen:

Immer wieder streitet sich Russland mit Transitländern (Ukraine, Weißrussland) über Transitgebühren und Energiepreise, wobei letztlich für Außenstehende unklar bleibt, wer für die Eskalation verantwortlich ist. Die Angst vor Versorgungsengpässen in Deutschland und Europa wird von Mal zu Mal größer – zumal Russland zwischenzeitlich den Gashahn fast vollständig abdrehte. Dahinter steckt ein strategisches Interesse, den Gasmarkt zu kontrollieren und Einfluss auf die Preisentwicklung auszuüben. Verständlich, denn 60 Prozent der Einnahmen der russischen Volkswirtschaft kommen aus den Energielieferungen. Aus deutscher Perspektive jedoch muss man sich Gedanken über Alternativen machen, damit man nicht, wie zuletzt vor allem die südosteuropäischen Länder das taten, unter der Gasblockade leiden muss. Bislang waren vor allem Länder wie die Slowakei, Bulgarien, Serbien und Moldawien betroffen, wo sogar Schulen geschlossen werden mussten. Aber im Ernstfall hätte man auch in Deutschland und im übrigen Europa nicht ausreichend Gasreserven, um längere Ausfallzeiten zu überbrücken. Das ist nicht nur eine Frage der Energiesicherheit, sondern letztlich auch eine der politischen Unabhängigkeit: Bekanntermaßen nutzt Russland zunehmend die Energielieferungen als Druckmittel, um politische Ziele durchzusetzen.

Wer nun glaubt, gegenüber den Risiken der Energieversorgung mit Öl und Gas sei Atomkraft der Königsweg, der irrt. Denn: Mit der Energie aus der Atomkraft kann man zunächst einmal keine Wohnung heizen oder sein Auto fortbewegen – kaum jemand nutzt Elektroheizungen oder gar Elektroautos. Selbst wenn sich jetzt tatsächlich die großen deutschen Automobilkonzerne zusammentun, um die Erforschung von Elektromobilen voranzutreiben, rechnet man bis 2020 mit nur zwei Millionen Elektrofahrzeugen – bei 50 Millionen Fahrzeugen insgesamt!

Die Kernenergie ist eine teure Technik; in Zeiten der unsicheren Finanzmärkte werden derartige Großkraftwerke samt Endlagerung des Atommülls noch unwirschaftlicher. Die Endlagerproblematik ist nicht zu unterschätzen, zudem sind auch die Uranvorräte begrenzt. Zwar werden vermutlich einige neue Kraftwerke in Russland, Osteuropa, Großbritannien oder den USA gebaut werden. Die weltweit 440 betriebenen Kernkraftwerke werden voraussichtlich kaum ersetzt werden. Und die von der Internationalen Energieagentur (IEA) als notwendig bezifferten 1500 neuen Kernkraftwerke werden bestimmt nicht gebaut werden. Wenn aber doch, dann würde Uran schnell knapp.

Die Energiekrise kommt nicht, sie ist schon da!

Wir steuern nicht nur auf eine Energiekrise größeren Ausmaßes zu. Wir stecken schon längst mitten in der Krise. Denn die Energievorräte gehen zur Neige, die Abhängigkeit von politisch instabilen Ländern mit hohem Rohstoffvorkommen wächst. Die Energiepreise steigen. Das belastet nicht nur das Energiebudget im Privathaushalt, sondern gerade und vor allem die produzierende Wirtschaft. In manchen Bereichen (z. B. in der Aluminiumherstellung, der Papierverarbeitung) machen die Energiekosten bis zu 50 Prozent der Gesamtkosten aus. Die Preissteigerungen bei der Energieversorgung müssen deswegen an die Kunden weitergegeben werden. Teure Energie macht alles teurer, nicht nur Heizen und Verkehr, sondern auch Papier, Verpackungen, Kleider, Haushaltswaren, alles.

Die Frage ist, was man tun kann, um diese Krise zu verhindern. Das Energieproblem löst sich nicht von selbst. Der Markt reguliert sich nicht von allein. Das hatte man gehofft, als man die staatlich geführten Versorgungsbetriebe privatisierte. Bei der Öffnung der Energiemärkte vertraute die Regierung darauf, dass sich die Energiekonzerne schon von selbst um Wettbewerb bemühen würden. Was sie nicht taten. Im Energiebereich führte der freie Wettbewerb zur Monopol-, zumindest Oligopolbildung. So kam es durch die Privatisierung im Strommarkt nicht zu den politisch erhofften Preissenkungen. Im Gegenteil: Die Strompreise sind seit der Marktöffnung im Jahre 1998 bis 2008 im Schnitt um fast 35 Prozent gestiegen – zugegebenermaßen sind davon 20 Prozent auf die Erhöhung von Steuern und Abgaben zurückzuführen. Aber 14 Prozent der Preissteigerung kommen den Konzernen zugute.

Die Großen schlucken die Kleinen, im Energiemarkt herrscht wie in keinem anderen Markt das Gesetz der Stärke. Seit 1998 haben sich die »großen Vier« herausgebildet, die mittlerweile über 80 Prozent der Stromproduktion innehaben. Ihnen gehören die abgeschriebenen Kohle- und Atomkraftwerke, mit denen sich auf diese Weise billig Strom produzieren lässt, ihnen gehören aber auch die Stromnetze. Nur ein kleiner Teil des Stroms wird jedoch überhaupt an der Börse gehandelt, der Großteil wird im Rahmen von bilateralen Verträgen gehandelt. Die Konzerne begründen die Strompreissteigerungen allerdings immer mit den gestiegenen Großhandelspreisen und den hohen Abgaben für Klimaschutzkosten wie den Emissionszertifikatpreisen. Aber: Wenn diese niedrig sind wie beispielsweise im Frühjahr 2009, ausgelöst durch die Wirtschaftskrise, fällt der Strompreis trotzdem nicht. Das ist ein Indikator für zu wenig Wettbewerb. Deshalb haben die vier mächtigen Konzerne in den vergangenen Jahren Traumrenditen von 15 bis 20 Prozent eingefahren. Sie sitzen auf dicken Finanzpolstern. Die aktuelle Finanz- und Wirtschaftskrise macht die Lage nur noch schlimmer, die Preise an den Börsen fallen, kleinere Energieunternehmen sind billig zu haben. Und prompt greifen die Energieriesen zu: Der deutsche Konzern RWE kauft den niederländischen Energiekonzern Essent; der deutsche Energieriese EnBW steigt bei EWE ein und der französische Energiegigant EDF beteiligt sich mit großen Anteilen bei British Energy; der italienische Energieriese Enel kauft den spanischen Energiekonzern Endesa; der schwedische Konzern Vattenfall kauft den verbleibenden niederländischen Gasanbieter Nuon. Alles Geschäfte zwischen Oktober 2008 und April 2009. Die Krise präpariert günstige Fast-Food-Häppchen für Energiehaie.

Der Wettbewerb auf dem Energiemarkt schafft Monopole. Denn gerade in einem unkontrollierten Energiemarkt werden sich aufgrund der Finanzstärke insbesondere die großen Energieanbieter durchsetzen. Am Ende bleiben nur noch ganz große Energiekonzerne übrig, die nicht wirklich einen Wettbewerbsmarkt bilden können. Monopole verhindern Wettbewerb. Der Markt versagt.

Deswegen brauchen wir – genau wie im Finanzmarkt – auch im Energiemarkt unbedingt mehr Regulierung, mehr Eingriff und mehr Lenkung. Wir haben ein Energieproblem, selbst wenn es derzeit aufgrund der niedrigen Energiepreise nicht ganz so offen zutage tritt. Spätestens wenn die Weltwirtschaft wieder in Gang kommt, werden auch die Energiepreise wieder steigen.

4: Die Energiekrise

Weil Öl so billig ist, wird es früher knapp

Die Internationale Energieagentur (IEA), die seit Jahrzehnten Prognosen über das künftige Ölangebot und auch die Ölpreisentwicklung abgibt, ging bislang davon aus, dass der Preis pro Barrel Öl im Jahre 2020 auf maximal 37 Dollar steigen werde. Eine kolossale Fehleinschätzung – der Ölpreis hat sich längst über diesem Wert eingependelt. Ich stimmte schon vor 10 Jahren mit vielen Experten überein, dass derartige Prognosen viel zu optimistisch waren, während die Ölkonzerne sie als pessimistisch abgekanzelt hatten. Letztes Jahr gab sogar der Total-Konzernchef zu, dass weltweit nur eine maximale Fördermenge von 95 Millionen Barrel Öl pro Tag möglich sei, was eine immense Preissteigerung schon in den nächsten Jahren bedeuten würde.

In diesem Frühjahr korrigierte nun auch die IEA ihre Prognosen und sagte eine Energiekrise bereits für 2013 voraus. Während sie früher eine maximale Fördermenge von 126 Millionen Barrel pro Tag für möglich gehalten hatte, korrigierte sie diese Zahl jetzt drastisch nach unten und spricht nun von maximal 100 Millionen Barrel pro Tag – und bestätigt damit indirekt die Theorie vom »Paek Oil«. Die hatte sie früher abgelehnt und auf das Potenzial von Ölsanden, Teersanden und Kohleverflüssigung hingewiesen. Da die Ölnachfrage nach der Wirtschaftskrise wieder deutlich wachsen wird, erwartet nun auch die IEA eine Knappheit schon in einigen Jahren. Eine überraschende Kehrtwende für eine Agentur, die bis vor Kurzem überhaupt nie von Preissteigerungen oder Energiekrisen gesprochen hat.

Dass diese Horrorvision von der obersten Energieprognosestelle überhaupt niemand wahrnimmt, ist schon mehr als erstaunlich. Was ist los? Hat man sich an solche Nachrichten gewöhnt? Ist das Jahr 2013 noch zu weit weg? Oder sind angesichts des gesunkenen Ölpreises in der aktuellen Finanzkrise solche Zahlen unvorstellbar?

Dabei ist gerade der jetzt gesunkene Ölpreis schuld an der zu erwartenden Preissteigerung in den nächsten Jahren. Gerade weil der Ölpreis derzeit niedrig ist, wird die Ölknappheit sehr viel früher eintreten, als wenn sich die hohen Preise des vergangenen Jahres dauerhaft gehalten hätten. Derzeit ist mit Öl kein Geld zu verdienen. Beim aktuell niedrigen Ölpreis unter 50 Dollar pro Barrel fehlt den ölexportierenden Ländern das Geld, um in neue Förderanlagen zu investieren. Die Gemeinschaft fordert deswegen einen Mindestpreis von 70 bis 80 Dollar pro Barrel, um langfristig kostendeckend arbeiten zu können. So werden fast alle Investitionen in die Ölförderung verschoben. Wenn nach der Krise die Nachfrage wieder ansteigt, kann das Angebot nicht ausreichend ausgeweitet werden – also wird der Ölpreis dann sprunghaft ansteigen. Es gibt somit kein sogenanntes »grünes Paradox(on)«, d.h. die Annahme, dass wenn wir hier Öl einsparen, der Ölpreis fällt und dann andere Länder wie China oder andere Volkswirtschaften automatisch mehr Öl verbrauchen. Damit wollen manche Ökonomen den naiven Verbrauchern vorgaukeln, dass alles schon nicht so schlimm ist und wir hier ruhig weiter prima Öl verbrauchen sollen. Denn Energiesparen würde ohnehin nichts bringen, weil andere unsere Anstrengungen sofort zunichte machen. Man möchte wohl einigen Ahnungslosen vorgaukeln, dass wir schön weiter mit dem Spritfresser durch die Gegend rasen können und ja nichts tun sollen, um Energie einzusparen. Doch leider ist diese Erklärung grundfalsch, diese Rechnung wurde nämlich ohne den Wirt gemacht. Denn: Der Ölpreis sinkt nicht, wenn wir hier bei uns Öl einsparen, dazu können wir den internationalen Ölpreis gar nicht in ausreichendem Maße beeinflussen. Denn selbst wenn wir es schaffen würden, unsere Ölverbrauchsmenge mit viel Anstrengungen im kommenden Jahrzehnt einzudämmen, der enorme Öldurst der stark wachsenden Volkswirtschaften – allen voran China, gefolgt von Russland und Indien – wird weiter wachsen – so oder so. Mit anderen Worten: die Ölnachfrage wird weiter zunehmen, und das fast gänzlich unabhängig vom Preis. Viel wichtiger ist jedoch: das Ölangebot wird nicht in ausreichendem Maße erweitert werden können. Somit steigen die Preise, sie fallen nicht – auch wenn wir hier Energie einsparen. Das konstruierte »grüne Paradox« ist somit eindeutig widerlegt. Zudem ist es auch volkswirtschaftlich unsinnig, den Verbrauchern und Unternehmen zu raten, dass sie keine Energie einsparen sollten, denn jedes Kind weiß, dass wir umso weniger Kosten haben werden, umso weniger Energie wir verbrauchen

Der Energiemarkt ist träge. Es dauert Jahre, Kraftwerke zu bauen, Jahre, Ölfördertürme zu errichten, und Jahre, Pipelines durch die Lande zu ziehen. Energiepolitik muss deswegen langfristig ausgerichtet sein. Und sie muss international ausgerichtet sein, denn kein Land kann sich autonom mit

Energie versorgen – derzeit nicht und vermutlich auch in den nächsten Jahrzehnten nicht. Wir müssen deshalb frühzeitig dafür sorgen, dass aus der dauerhaften Energiekrise, in der wir jetzt schon stecken, nicht ein schwarzes Energieloch wird, in dem unsere Wirtschaftskraft eines Tages verschwindet.

Die Ölkrise erreicht uns – jetzt auch laut IEA – bereits im Lauf der nächsten zehn Jahre. Das wiegt doppelt schwer, weil Öl eben nicht nur der Treibstoff unserer Mobilität und Wärmequelle ist, sondern auch, weil es den wichtigsten Rohstoff für die chemische Industrie darstellt. Daraus werden Kunststoffe, Farben und Lacke, Waschmittel und Arzneien hergestellt. Die chemische Industrie ist eine der größten Industriebranchen in Deutschland. In Europa sind wir der größte, weltweit der viertgrößte Chemieproduzent.

Auch eine »Gaslücke« droht uns schon im Jahr 2020. Bis dahin wird unser Gasbedarf deutlich ansteigen. Gleichzeitig geht die Erdgasgewinnung in den meisten europäischen Ländern zurück. Gas dient uns hauptsächlich zur Beheizung von Wohn- und Geschäftsräumen, aber wir nutzen Gas auch zur Stromerzeugung, wenn auch nur zu etwa 13 Prozent, zunehmend aber auch für den Transport, denn gasgetriebene Fahrzeuge werden immer attraktiver.

Russland müsste enorme Investitionen in die Gasförderung tätigen; aufgrund der Finanzkrise sind die Gaspreise jedoch niedrig, die Gasförderung wird somit unrentabel und ausgesetzt bzw. verschoben. Für kapitalstarke ausländische Unternehmen ist und wird Russland aufgrund mangelnder Transparenz und politischer Willkür immer unattraktiver. Jüngste Erfahrungen insbesondere von Energieunternehmen wie beispielsweise BP haben gezeigt, dass Unternehmen keine verlässlichen Rahmenbedingungen für die Investitionen vorfinden. Eine wichtige Voraussetzung wäre, dass Russland die Energiecharta ratifiziert, doch dies hat Russland bisher immer verweigert und nun eine eigene Version eines möglichen Energieabkommens mit Europa vorgelegt. All diese Schwierigkeiten verschlimmern das Problem einer sicheren Gaslieferung. Russland selbst wird kaum in der Lage sein, in ausreichendem Maß in die Gasförderung zu investieren und somit die vertraglich vereinbarten Gasmengen zu liefern. Es droht somit eine Gasversorgunslücke voraussichtlich bereits in 10 Jahren.

Der Atomausstieg ist zumindest in Deutschland beschlossene Sache. Selbst wenn man die Laufzeiten einzelner Kraftwerke verlängern würde, was durchaus nötig sein wird, ergibt sich daraus keine dauerhafte Lösung für die sichere Energieversorgung einer wachsenden Wohlstandsgesellschaft. Der Neubau von Atomkraftwerken ist zwar in anderen Ländern geplant. »Ausstieg vom Ausstieg« heißt der Slogan, der in Frankreich, Großbritannien und Italien von atomfreundlichen Klimaschützern skandiert wird. Doch es bleibt fraglich, ob sich überhaupt Investoren finden, die den Bau neuer Atomkraftwerke finanzieren. Bis heute ist nämlich strittig, ob Atomkraft für die Unternehmen ohne Subventionen überhaupt rentabel wäre.

Lösung 1: Kohle inklusive Klimaproblem

So oder so. Langfristig gibt es nur zwei Lösungswege zu einer sicheren Energieversorgung in Deutschland. Der eine führt über den letzten verbliebenen fossilen Rohstoff, der weltweit auch noch in großer Menge vorhanden ist: Kohle. Bei der Stromerzeugung ist Kohle bereits heute der wichtigste Rohstoff. Etwa 50 Prozent unseres Stroms in Deutschland stammen aus Kohlekraftwerken. Schon jetzt entstehen weltweit durchschnittlich 140 neue Kohlekraftwerke pro Jahr. China allein bringt derzeit durchschnittlich ein neues Kohlekraftwerk pro Woche ans Netz!

Aber leider ist Kohle auch größter CO_2-Emittent, was bedeutet, dass wir das Klima in hohem Maß belasten, wenn wir unsere Energieversorgung dauerhaft mit Kohlekraftwerken sichern wollen. Wer hier an Klimaschutz denkt, muss sich Besseres überlegen als noch so gut gemeinte Klima-Appelle.

Am besten wäre es, jemand fände eine technisch ausgereifte und finanzierbare Technologie, mit der sich die CO_2-Emissionen der Kohlekraftwerke reduzieren ließen. Erste Ideen für Techniken zur CO_2-Abscheidung und -Speicherung, sogenannte Carbon-Capture-and-Sequestration-(CCS-)Verfahren gibt es bereits. Die rechtlichen Rahmenbedingungen zur Einführung von CCS-Technologien wurden dieses Frühjahr als Gemeinschaftswerk von Umwelt- und Wirtschaftsministerium endlich vorgelegt. Dabei geht es vor allem um den Transport und die Einlagerung des abgeschiedenen Kohlendioxids. Wenn die rechtlichen Rahmenbedingungen nicht nur deutschland-, sondern europaweit bestimmt sind, wird es wichtig sein, möglichst schnell Erfahrungen in der Anwendung von CCS-Technologien zu machen. Noch ist die Technologie nämlich keineswegs ausgereift, auch wenn in Hamburg-Moorburg bereits das erste Kohlekraftwerk nur unter der Auflage genehmigt wurde, dass es »CCS-ready«, also für noch zu entwickelnde CCS-Technologien nachrüstbar sein müsse.

Die Technik muss mindestens noch 10 bis 15 Jahre erforscht werden, damit wir genau wissen, wie man das CO_2 effizient abscheidet, transportiert und wirklich auf Dauer einlagert. Wenn dies überhaupt möglich sein sollte. All das kostet Geld und Zeit. Zeit, die wir eigentlich gar nicht mehr haben, wenn wir frühzeitig die Atomkraftwerke abschalten. Aber auch die Akzeptanzprobleme sind nicht zu unterschätzen. Die meisten Salz- und Gaskavernen, die man für die CO_2-Einlagerung nutzen würde, liegen in Norddeutschland, insbesondere in Mecklenburg-Vorpommern und Niedersachsen. Und dort hat man genug Erfahrung mit der Einlagerung von Energiemüll und der öffentlichen Nichtakzeptanz.

Vattenfall hat jedenfalls auf weiteren Streit à la Moorburg vorerst einmal verzichtet. Nach dem jahrelangen politischen Zank und angesichts der hohen Kosten durch die zahlreichen Umweltauflagen schreckt der schwedische Energiekonzern nun vor dem Bau und Betrieb neuer Kohlekraftwerke wie in Moorburg zurück: In Berlin wurden die Pläne für ein neues Steinkohlekraftwerk frühzeitig begraben.

Schweden ist ja seit Jahren eigentlich das Musterland in puncto Klimaschutz. Die vielen Kohlekraftwerke, insbesondere Braunkohlekraftwerke, des schwedischen Staatskonzerns in Deutschland passen nicht wirklich gut ins Bild. Der Klimaschutz wird immer ernster genommen, nicht nur von den Energiekonzernen. Nach der Wirtschaftskrise ist außerdem mit weiter steigenden CO_2-Preisen zu rechnen. Immer mehr Länder bestehen beim Neubau von Kohlekraftwerken darauf, dass die Anlagen zukünftig die CO_2-Emissionen abscheiden und einlagern. Das alles verteuert das Verfahren. Am schlimmsten wiegt aber sicher für den Moorburg-traumatisierten Konzern Vattenfall die Tatsache, dass die öffentliche Akzeptanz in Deutschland nicht gegeben ist.

Im März 2009 verkündete der Konzern, dass man in Berlin ein Gaskraftwerk und ein Biomassekraftwerk als Kraft-Wärme-Kopplungsanlage errichten werde, das heißt, die bei der Energieherstellung entstandene Wärme wird ebenfalls genutzt. Damit entsteht Energiesicherheit und zugleich aktiver Klimaschutz. Davon könnte Deutschland mehr gebrauchen.

Lösung 2: Erneuerbare Energien, ganz ohne Klimasorgen

Der andere Weg zu einer sicheren Energieversorgung in Deutschland führt über die erneuerbaren Energien. Das ist sicher der langfristig vernünftigere Weg. Erneuerbare Energien stehen für nachhaltige Energieversorgung, weil die Nutzung von Wind, Sonne, Wasser, Biomasse und Geothermie ohne Verbrauch von Rohstoffen möglich ist. Diese Energiequellen sind im Übermaß vorhanden oder wachsen endlos nach.

In Deutschland ist geplant bis 2020 den Anteil der erneuerbaren Energie von heute 17 auf über 20 Prozent des Energiemix anwachsen zu lassen. Und es ist gar nicht so unwahrscheinlich und dringend wünschenswert, dass der Anteil auf 25 oder gar 30 Prozent ansteigt. Dafür bedürfte es aber gewisser Anstrengungen.

Ein wichtiger Baustein bleibt dabei die Förderung erneuerbarer Energien, wie sie die Bundesregierung im Jahr 2000 mit dem »Gesetz für den Vorrang Erneuerbarer Energien«, kurz

EEG, begonnen hat. Das EEG trägt nicht nur dem Klimaschutz Rechnung, sondern stärkt gleichzeitig die Versorgungssicherheit und somit die Wettbewerbsfähigkeit Deutschlands in der Welt. Das EEG bedeutete die Initialzündung für den Boom umweltfreundlicher Technologien in Deutschland und führte dazu, dass Deutschland im europäischen Vergleich beim Ausbau regenerativer Energien inzwischen einen Spitzenplatz innehat.

Das Prinzip dieses Gesetzes ist einfach und hat deswegen auch in vielen anderen Ländern Schule gemacht: Wer beispielsweise eine Wind- oder Solaranlage betreibt, bekommt bei Einspeisung in das Netz einen festen Vergütungssatz für den erzeugten Strom. Dieser orientiert sich nicht an den Marktpreisen, sondern an den Erzeugerkosten. Dadurch können die Betreiber der Anlagen risikofrei arbeiten, denn sie wissen, dass sich ihre Investitionen in jedem Fall lohnen, selbst wenn die Energiepreise in den Keller fallen. Was sie aufgrund der monopolartigen Marktstrukturen und steigender Rohstoffpreise ohnehin nicht tun, weswegen Ökostrom über kurz oder lang auch ohne staatliche Subventionen konkurrenzfähig sein wird.

Das Hauptproblem in der Versorgung mit erneuerbaren Energien liegt derzeit nicht in der Energiegewinnung oder in der Preiskalkulation, sondern vielmehr in der Verteilung: Vor allem um die Windenergie aus den Offshore-Windparks vor der norddeutschen Küste ins europäische Stromnetz einzuspeisen, fehlt es an ausreichenden Netzkapazitäten.

Ein Stromnetz ist eigentlich ein natürliches Monopol. Es wäre unsinnig, zwei oder mehr Stromnetze parallel am Leben zu erhalten. Und wenn jeder Anbieter ein eigenes Netz bauen würde, stiegen die Kosten ins Unermessliche. Bei der Privatisierung teilte man das komplette Hochspannungsnetz unter den vier Energieriesen E.ON, RWE, EnBW und Vattenfall Europe in vier sogenannte Regelzonen auf, in denen der jeweilige Inhaber für die Instandhaltung und den Ausbau der Netze verantwortlich wurde. Doch die Konzerne nutzten diese Monopolstellung zur Marktabschottung: Gerade über die Netzgebühren konnten die Konzerne sich billigere Konkurrenten vom Leib halten. Und solange man die Stromnetze nicht ausbaut, kann die unliebsame Konkurrenz in guten windigen Zeiten das erhöhte Energieaufkommen aus Windparks gar nicht erst einspeisen.

So ist in den letzten Jahren viel zu wenig in den Ausbau des deutschen Stromnetzes investiert worden. Das kleinteilige Netz, über das ursprünglich der Strom nur regional verteilt wurde, wurde mit der Öffnung der Strommärkte Ende der 1990er Jahre zu einem großen Netz verknüpft. Doch genügen die Netzkapazitäten bei weitem nicht, um größere Mengen über weite Strecken zu verteilen. Zudem muss das Stromnetz von Deutschland in die Nachbarländer erweitert werden, um den internationalen Stromtransport – auch von erneuerbaren Energien – zu ermöglichen. Das bestehende Stromnetz reicht längst nicht mehr aus. Nur gibt es niemanden, der Geld investiert, um es auszubauen.

Die Politik trägt hier eine gewisse Mitschuld: Viel zu lange hat sie nicht für ausreichenden Wettbewerb gesorgt und die großen Konzerne gehätschelt und getätschelt, um dann plötzlich und unerwartet festzustellen, dass es nicht genügend Wettbewerb gibt und ein wesentlicher Grund dafür in dem Umstand begründet liegt, dass das Netz den großen Vier gehört. Nach acht Jahren Nichtstun hat die Bundesregierung endlich – allerdings auch auf Druck Brüssels hin – die Bundesnetzagentur mit der Überwachung der Netzentgelte beauftragt. Nur war es da im Grunde schon zu spät und mit Überwachung allein nicht mehr getan. Brüssel fordert seit Jahren vehement den Verkauf der Netze an unabhängige Netzbetreiber. Nun soll endlich eine Netzgesellschaft gegründet werden – das ist gut und richtig. Aber bitte schnell! Denn dies alles hat Zeit gekostet und der Qualität der Netze geschadet.

Es muss rasch viel Geld in den Ausbau der Netze investiert werden. Und das Netz muss intelligenter und nachhaltiger werden, man spricht neudeutsch von »Smart Grids«: Sie sollen Strom- und Datenmengen transportieren, sie sollen Schwankungen erneuerbarer Energien auffangen, Elektroautos sollen angeschlossen werden, Häuser mit Solarkollektoren als Minigeneratoren schicken selbst Energie ans Netz. All das muss das Netz der Zukunft leisten können. Kalifornien, das Land der Vorreiter, investiert nun gezielt etliche Milliarden Dollar aus dem Konjunkturprogramm in ebensolche intelligenten Netze. Man rechnet bei einer Investitionshöhe von bis zu 64 Milliarden Dollar mit 280 000 zusätzlichen Beschäftigten in diesem Bereich. In Deutschland wäre sicherlich eine geringere Investitionssumme notwendig, eine einstellige Milliardensumme müsste es aber schon sein, um die Netze wirklich intelligent und zukunftsfähig zu machen.

Effizient: Klimaschutz, der sich selbst finanziert

Ergänzend sollte man dringend dafür sorgen, dass nicht nur auf andere, möglichst erneuerbare Energiequellen zurückgegriffen wird, sondern auch die Energieeffizienz deutlich verbessert wird. Volkswirtschaftlich gesehen ist nämlich die preiswerteste Möglichkeit, Treibhausgase einzudämmen, Energie erst gar nicht zu verbrauchen. Das heißt nicht, dass wir auf all die Annehmlichkeiten einer modernen Welt voller technischer Hilfsgeräte verzichten müssten. Aber ein Großteil der Energie, die wir verbrauchen, benötigen wir tatsächlich gar nicht; wir verschwenden sie. Ob im Gebäudebereich, im Bereich der Mobilität oder bei Industrieprozessen – fast überall gibt es ein erhebliches Einsparpotenzial.

Schließlich kaufen die meisten Leute immer noch aus alter Gewohnheit Produkte, die nicht nur klimaschädlicher sind, sondern auch noch teurer. Von der Energiesparlampe beispielsweise weiß mittlerweile jedes Kind, dass sie nicht nur Energie spart, sondern damit auch das Klima schützt – und dass sich der vermeintlich höhere Kaufpreis schnell durch eingesparte Energiekosten amortisieren lässt. Und trotzdem kaufen auch 20 Jahre nach Erfindung der sehr viel effizienteren Sparlampe immer noch unzählige Menschen herkömmliche Energie-Verschwender-Glühbirnen. Jetzt beenden rund um den Globus die Gesetzgeber die ökologische und ökonomische Unvernunft: Auch in Deutschland dürfen keine Glühbirnen der Effizienzklasse F und G mehr verkauft werden. Ab 2012 sollen die alten Glühlampen per Gesetz ganz verschwinden.

So simpel, wie solch ein Gesetz ist, so vielfältig sind die Möglichkeiten, Energie einzusparen – ohne verhassten Verzicht. Die Welt braucht keine Verbote, sondern gute Ideen. Innovation ist die große Chance für die deutsche und die europäische Wirtschaft.

Zum Beispiel im Verkehrssektor: Durch leichtere Bauteile, Brennstoffzellen und Leistungselektronik für Hybridfahrzeuge lässt sich der Treibstoffbedarf von Autos reduzieren. Wie die BDI-Studie vorrechnet, die ja zwangsläufig frei jeglichen Verdachts der Wirtschaftsfeindlichkeit oder des Öko-Dogmatismus ist, kann allein durch die Optimierung von Motoren und Getrieben in den kommenden 10 Jahren so viel Energie eingespart werden, dass sich die CO_2-Emissionen um 6,7 Millionen Tonnen reduzieren ließen – und das ohne jegliche Kosten. Alles, was man investiert, wird durch die höhere Effizienz wieder eingespart. Wenn man beispielsweise Stadtbusse mit Hybridtechnologie und einem Start-Stopp-System ausstatten würde, wären die Kosten dafür innerhalb von acht Jahren neutralisiert. So lange dürfte wohl jeder Bus mindestens durchhalten!

Auch durch die Entwicklung intelligenter Verkehrsführungs- und Informationssysteme lassen sich nicht nur Staus vermeiden, sondern zugleich Energie und damit Emissionen sparen. Vier Millionen Tonnen CO_2-Ausstoß ließen sich laut BDI-Studie ohne Mehrkosten sofort vermeiden, wenn Fahrer zu einer verbrauchssparenden Fahrweise (»Eco-Driving«) angehalten wären und durch optimierte Verkehrslenkung der Verkehrsfluss verbessert würde. Wer kann dagegen etwas haben?

Im Luftverkehr ließen sich durch eine veränderte Bauweise der Flugzeuge, etwa durch den Einbau leichterer Sitze oder das Nachrüsten der Flügel mit aerodynamischen Winglets, zu wirtschaftlichen Bedingungen, also ohne Mehrkosten, Energie und damit CO_2 einsparen. Und selbst im Schienenverkehr gibt es Einsparpotenziale, etwa dadurch, dass die Auslastung der Züge erhöht oder die Zug- und Betriebstechnik verbessert wird – ebenfalls kostenneutral!

Vergleichbares gilt in der Immobilienbranche: Hier gibt es allein dadurch Energieeinspareffekte, dass der Altbestand fortlaufend renoviert oder durch effizientere Neubauten ersetzt wird. Selbst wenn man nicht bewusst in Energieeffizienz investieren würde, ergäbe sich nach Berechnungen der BDI-Studie bis 2020 dadurch eine Ersparnis von 72 Millionen Tonnen CO_2. Würde man hier noch zusätzlich aktiv werden, ließe sich ohne großen Aufwand enorm viel Energie sparen – und zwar zu Kosten, die sich ohne Ausnahme »rechnen«, also amortisieren.

Die größten und leichtesten Energieeinsparpotenziale liegen jedoch in der Gebäudetechnik. Man könnte knapp ein Fünftel des Energiebedarfs von Immobilien allein dadurch einsparen, indem man die Gebäude mit effizienter Dämm- und Klimatechnik ausstattet. Energiesparen meint nämlich nicht dasselbe wie Frieren. Durch den Austausch alter, wenig effizienter Heizungsanlagen könnte man laut BDI-Studie 8 Millionen Tonnen CO_2 einsparen und pro eingesparter Emissionstonne obendrein 86 Euro Kosten sparen. 110 Euro pro Tonne reduzierten Kohlendioxidausstoßes kann man einsparen, wenn man in öffentlichen Gebäuden und Gewerbeimmobilien die vorhandenen Lüftungssysteme verbessert.

Durch die energetische Sanierung von Schulen und Bürogebäuden ließen sich ebenfalls gut 3 Millionen Tonnen CO_2 einsparen, weitere 9 Millionen Tonnen durch den Einsatz von

Spitzentechnologie bei Elektrogeräten, seien es Kühlschränke, DVD-Rekorder oder Anrufbeantworter.

In diesem Feld haben sich bereits spezialisierte private Dienstleistungsunternehmen herausgebildet, die ihr Geld mit sogenanntem Energiespar-Contracting verdienen. Dabei entwickeln, planen, realisieren und finanzieren sie Maßnahmen zur Energieeinsparung in öffentlichen Gebäuden und sind im Gegenzug an den eingesparten Energiekosten beteiligt – ein gutes Geschäft für alle Beteiligten.

Was hindert die Menschen, Energie und damit viel Geld zu sparen und zugleich einen wertvollen Beitrag zum Klimaschutz zu leisten? Gute Frage! Leider ist das, was rechnerisch so überzeugend aussieht, in der Realität mal wieder komplizierter. Denn die größte Hürde für Energieersparnis liegt darin, dass diejenigen, die Geld in die klimafreundliche Modernisierung investieren, nicht dieselben sind, die von der Energieersparnis profitieren. Konkretes Beispiel: Die Vermieter zahlen die Dämmung, die Mieter sparen Heizkosten.

Junge Familien, die jeden Cent in den Erwerb einer Immobilie gesteckt haben, verfügen oft nicht über weitere Rücklagen für energetische Sanierungen. Und auch alte Menschen haben meist nur wenig Interesse, ihre über Jahre abbezahlten Häuser oder Wohnungen durch Investitionen zu belasten, die sich voraussichtlich erst nach ihrem Tod »rechnen«.

Hier liegen die großen Herausforderungen für die Politik, faire und ökonomisch kluge Lösungen zu finden, die das volkswirtschaftlich sinnvolle Investment in Klimaschutzmaßnahmen auch für Einzelpersonen attraktiv macht.

5: Die Politik

Drei Krisen mit einer Klappe: Energie, Klima, Wirtschaft

Aktive und vorausschauende Energiepolitik muss sich mit all diesen Möglichkeiten und Details auskennen. Das Ziel ist ein intelligenter Energiemix, der sich im Jahre 2020 etwa folgendermaßen zusammensetzen sollte: 35 Prozent Kohle, 30 Prozent erneuerbare Energien, 20 Prozent Erdgas, 15 Prozent Kernenergie. Wobei insbesondere die Kraft-Wärme-Kopplung (KWK) viel stärker als heute genutzt werden sollte, sowohl bei Kohle und Gas, aber auch bei Biomassekraftwerken.

Bei alledem ist und bleibt die Branche der erneuerbaren Energien die wichtigste Zukunftsbranche. Zum Ersten, weil erneuerbare Energien noch nutzbar sein werden, wenn sämtliche fossilen Energievorräte dieser Erde (Öl, Kohle, Gas) erschöpft sind. Zum Zweiten, weil sich nun auch die USA ambitionierte Klimaschutzziele vorgenommen haben und fortan jährlich 15 Milliarden Dollar zur Förderung erneuerbarer Energien ausgeben wollen. Kalifornien prescht vor und will bis zum Jahr 2020 ein Drittel der Energieversorgung aus erneuerbaren Energien sicherstellen.

So schlägt man zwei Krisen mit einer Klappe: die Energiekrise und die Klimakrise. Und nebenbei bekommt man noch die dritte, die Finanzkrise, in den Griff! Denn dank der erheblichen Investitionen in die Infrastruktur bringt die US-amerikanische Regierung nicht nur die Energiebranchen der

Zukunft auf den Weg und reduziert den CO_2-Ausstoß und damit die Kosten für den zukünftigen Emissionshandel, sondern kurbelt zugleich die heimische Wirtschaft an.

Als die G-20-Staaten bei ihrem Treffen im März 2009 in London sowohl eine strengere Regulierung der Finanzmärkte beschlossen als auch eine Finanzspritze für international strauchelnde Staaten und den Welthandel in Höhe von einer Billion Dollar, da jubelten vor allem die Finanzminister. Mancher Klimaschützer hätte sich mehr gewünscht. Das Potsdam-Institut für Klimafolgenforschung zusammen mit dem britischen Finanzexperten Lord Nicholas Stern zum Beispiel hatte im Vorfeld extra ein Strategiepapier ausgearbeitet, welches auswies, wie sich die Wirtschaftskrise bekämpfen ließe und man gleichzeitig auf nachhaltiges kohlenstoffarmes Wachstum umsteuern könnte. Doch dieses Papier zeigte wenig Wirkung. Die Vereinbarungen der G-20-Staaten zielten nahezu ausschließlich auf die Finanzkrise. Das Wort »nachhaltig« tauchte zwar auf, bezeichnete aber nur eine Nachhaltigkeit in der Finanz- und Geldpolitik der einzelnen Staaten: Vorbild war dabei Deutschland, das in seinem Konjunkturpaket eine Schuldenbremse festgelegt hatte. In dieser Form sollen sich nach G-20-Vereinbarung alle Staaten das Ziel setzen, ihre Defizite auch schnell wieder abzubauen.

Vorreiter China, Südkorea, Japan

Trotzdem: Die vielen Milliarden, die weltweit zur Konjunkturstärkung ausgegeben werden, fließen mancherorts schon gezielt in eine grüne Zukunft. Die USA spielen zwar den Vorreiter, doch interessanterweise geben den höchsten Anteil ihrer Investitionen aus den Konjunkturprogrammen für den Klimaschutz ausgerechnet Südkorea und China aus. Das Umweltprogramm der Vereinten Nationen (UNEP) bescheinigte dem südkoreanischen Konjunkturpaket vom Januar 2009 den weltweit stärksten ökologischen Ansatz:

Über drei Jahre lang sollen etwa 30 Milliarden Euro in die dortige Wirtschaft gepumpt und 960 000 Jobs geschaffen werden, rund 80 Prozent davon in Projekten mit ökologischem Mehrwert. Sieben Milliarden Dollar gehen allein in den Ausbau des Eisenbahnnetzes und anderer Massentransportmittel. Mit 6 Milliarden Dollar will man die Schulen und Dörfer des Landes auf Energieeffizienz trimmen.

Obgleich Südkorea laut Kyoto-Protokoll nicht zur Reduzierung der CO_2-Emissionen verpflichtet ist, macht ausgerechnet die dortige Regierung Ernst mit dem Klimaschutz: Ab Juli 2009 dürfen 17 besonders häufig eingesetzte Haushaltsgeräte wie Kühlschränke und Klimaanlagen nur noch mit einem Ausweis ihrer CO_2-Emissionen verkauft werden. Die neue Regelung soll auch für Importware gelten. Zugleich soll der Anteil erneuerbarer Energien an der nationalen Energieversorgung in den kommenden zwei Jahrzehnten gemäß einer »Green Growth Strategy« mehr als vervierfacht werden, nämlich von gegenwärtig 2 auf etwa 11 Prozent bis 2030 und auf 20 Prozent bis 2050. Dafür bietet Südkorea – analog zum deutschen Erneuerbare-Energien-Gesetz (EEG) – eine attraktive Einspeisevergütung auf europäischem Niveau an: Pro Kilowattstunde wird die Nutzung von Solarstrom mit rund 48 Cent unterstützt. Hierzulande gibt es eine Solarstromvergütung von maximal 47,48 Cent je Kilowattstunde.

Auch in die im wahrsten Sinne des Wortes »grüne« Forschung investiert Südkorea: Gemeinsam mit Indonesien will man aus Algen Biodiesel gewinnen. Während das Meeresgrün im Inselstaat Indonesien in großer Menge wächst, verfügt Südkorea bereits über die notwendige Technik, hat sie nur bislang noch nicht kommerziell genutzt. Das soll sich jetzt ändern. Algen sind eine gute Alternative zu Palmöl, für dessen Gewinnung Plantagen angelegt und darum tropische Wälder abgeholzt werden müssen, welche wiederum riesige Mengen CO_2 binden. Meeresalgen können im Meer angebaut werden und absorbieren obendrein klimaschädliche Gase.

Auch der von der chinesischen Regierung beschlossene Konjunkturplan in Höhe von über 500 Milliarden Euro geht zu gut einem Drittel in grüne Investitionen: Ausbau der Eisenbahnstrecken, Steigerung der Energieeffizienz, Ausbau der Stromnetze und der Anlagen zur Erzeugung erneuerbarer Energien. Auch hier gibt es ein Stromeinspeisegesetz analog zum deutschen EEG; davon profitiert vor allem die Windenergie. Seit 2007 hat sich die Leistung der chinesischen Windräder jährlich fast verdoppelt. Die Kreditvergaberegeln für Projekte erneuerbarer Energie sind gelockert worden; Investoren sollen ohne Hürden loslegen dürfen.

Im April verordnete die chinesische Regierung allen Verwaltungen in den Provinzen, künftig bei ihren Anschaffungen stärker auf energiesparende Techniken zu setzen. Eine Liste legt fest, welche Standards für den Kauf in neun Produktkategorien von Klimaanlagen bis zu Computern einzuhalten sind. Die Zentralregierung will damit klimafreundlichen Produkten zum Durchbruch auf dem Massenmarkt verhelfen; die Verwaltungen sind nämlich eine mächtige Konsumentengruppe in China.

Auch Japan, das als Exportnation extrem unter der Weltwirtschaftskrise leidet, kündigte Ende Januar an, eine Vorreiterrolle im Klimaschutz übernehmen zu wollen, und bewilligte mittlerweile drei Konjunkturpakete von insgesamt etwa 580 Milliarden Euro, wovon große Teile in die Förderung der Solarenergie fließen sollen. Zudem soll ein 6,8 Milliarden Euro schwerer Fonds angelegt werden, um Entwicklungsländer bei der Energieeffizienz zu unterstützen: Man könne die Effizienz weltweit um 30 Prozent steigern; Japan könne dafür die notwendige Technik zur Verfügung stellen. Da hat jemand verstanden, was Experten seit langem predigen und nun sogar der BDI bei seiner jüngsten Verlautbarung in Deutschland erklärt hat: Klimaschutz ist Wirtschaftsmotor.

Japan hatte bereits vor dem Höhepunkt der Krise – nämlich im Sommer 2008 – 100 Millionen Dollar für den Klimaschutz, speziell Maßnahmen zur Steigerung der Energieeffizienz, in Aussicht gestellt. Außerdem versprach das Land, in den kommenden fünf Jahren Kredite in einer Gesamthöhe von 2 Milliarden Dollar für die Förderung nachhaltiger Entwicklungsprojekte zu bewilligen.

Deutschland wrackt ab

Und was passiert hierzulande? Nun, Deutschland ruht sich auf den Leistungen der Vergangenheit aus. Schließlich ist man ja schon Umweltmeister. Im Bereich grüner Technologien hat Deutschland, das sonst nur 10 Prozent des Weltmarktes bestimmt, einen Weltmarktanteil von 16 Prozent. Deutschland ist der weltweit führende Exporteur von Umwelttechnologien. Na, bravo! Und deswegen investiert Deutschland statt in Zukunftsmärkte im Klimaschutz und der Energiesicherheit lieber in die Konservierung alter Strukturen.

Da wurden altbackene Leckerchen bereitet, mit denen die Politik die durch die Finanzkrise aufgeschreckte Volksseele zu besänftigen versuchte, allen voran die als »Umwelt-« oder »Abwrackprämie« vermarktete Bezuschussung von Autokäufen. Mit Umwelt- oder gar Klimaschutz hatte diese Prämie leider gar nichts zu tun, wenngleich sich selbst der sonst so kritische Umweltminister Gabriel hinter die Prämie stellte. Schließlich würden alte Spritschleudern durch modernere Fahrzeuge ersetzt, allein deswegen werde eine Menge für die Umwelt und den Klimaschutz getan. Doch die Modernisierung fällt nicht immer zugunsten des Klimaschutzes aus. Die Prämie sieht nämlich nicht vor, dass man tatsächlich einen umweltgerechteren Neuwagen anschafft. Es wäre also durchaus denkbar, dass die Menschen einen bescheidenen Wagen gegen einen neuen mit aufwendiger Ausstattung (Klimaanlage usw.) tauschen, der am Ende mehr CO_2 ausstößt als der alte. Mal abgesehen davon, dass ein alter Benziner eventuell weniger Stickoxide in die Umgebung abgibt als ein durchschnittlicher neuer Diesel.

Obendrein kann man schnell ausrechnen, dass die Ökobilanz der Abwrackprämie letztlich negativ ausfällt: Denn wenn man den gesamten Lebenszyklus eines Pkw betrachtet, fällt zum einen stark ins Gewicht, dass knapp 30 Prozent der Energie, die ein Auto während seiner eigentlichen Nutzungszeit benötigt, bereits bei der Herstellung gebraucht werden. Außerdem haben die meisten Autos zum anderen eine sehr viel längere Lebensdauer; eine Verschrottung nach neun Jahren wäre vorzeitig und würde die durchschnittliche Lebens- und Nutzungsdauer auf etwa 60 Prozent verkürzen.

Am Ende ist die gesamte Abwrackprämie leider nichts als ein Strohfeuer für die Wirtschaft. Es gab – und gibt aufgrund der Aufstockung des Gesamtbudgets noch bis zum Jahresende – ein kurzes Aufflackern von Konsumfreude in einer Branche, die in den letzten Jahren zu kämpfen hatte. Plötzlich vermelden die (außer VW und ein wenig auch Opel) übrigens zumeist nichtdeutschen Autohersteller Umsatzrekorde – und das mitten in der Krise. Man muss nicht zu den Pessimisten gehören, um zu ahnen, was am Ende der Prämienzeit passieren wird: Die künstlich geschaffene Nachfrage wird versiegen, die deutschen Absatzmärkte für Autos werden wieder einbrechen.

Der dauerkranke Lieblingspatient der Deutschen, die Automobilindustrie, jammert, und Doktor Staat verschreibt bunte Pillen. Es ist, als ob man einem kranken Patienten ein Aufputschmittel gäbe, damit er die nächsten Monate weiter herumlaufen kann – um danach komplett zusammenzubrechen. Ist das die richtige Therapie? Sicher nicht. Stattdessen sollte man lieber die Ursachen der Erkrankung erforschen und zielgerichtete Maßnahmen einleiten, auch wenn der Kranke dann eventuell nicht sofort quietschfidel herumspringen kann. Aber es ist Wahljahr. Da zählen bedauerlicherweise vor allem Maßnahmen mit kurzfristig sichtbaren Erfolgen.

Die Gegenwart wird auf Kosten der Zukunft subventioniert. Insofern ist die Abwrackprämie ein Desaster. Die Wegwerfgesellschaft wird gefördert, veraltete Technologie verramscht, neue Lösungen werden verhindert. Langfristige Wirtschaftspolitik sieht eigentlich anders aus.

DIE POLITIK

Nun gut, es war nie der Zweck der Prämie, die Branche langfristig zu sanieren, sondern ihr lediglich ein wenig Luft zu verschaffen, um sich aus eigener Kraft in eine bessere Zukunft zu retten. Diese Branche hatte ja schon vor der Krise Probleme und in den letzten Jahren – mit Ausnahme von Japan – keine nachhaltige Rendite geschaffen. Außerdem leidet die Automobilindustrie ohnehin unter immensen Überkapazitäten: Weltweit können 85 Millionen Autos pro Jahr gefertigt werden, obwohl nur etwa 65 Millionen Autos verkauft werden. Wie in jeder Branche, in der das Angebot größer als die Nachfrage ist, führt das zu einem harten Preiskampf, den früher oder später die schwächeren Marktteilnehmer verlieren. Das dauert so lange, bis sich Angebot und Nachfrage wieder die Waage halten. Es muss somit in der Automobilbranche zu einer sogenannten Konsolidierung kommen. Das bedeutet eine Übernahme- und Fusionswelle und hat zur Folge, dass weltweit gerade einmal sechs große Hersteller und eine entsprechende Zahl an Zulieferern überleben werden. Die Branche muss sich gesundschrumpfen.

Für die Betroffenen mag das im Einzelfall dramatische Konsequenzen haben. Jobverlust, finanzielle Einbußen oder auch private Einschränkungen, weil man aufgrund von beruflichen Veränderungen den Wohnort und damit das vertraute soziale Umfeld verlassen muss.

Für die Ökonomen gehören Konsolidierungen von Branchen und Märkten zur Normalität einer funktionierenden Marktwirtschaft. Krisen gehören zum unternehmerischen Alltag. In Krisenzeiten trennt sich die Spreu vom Weizen; es verschwinden jene Unternehmen, die nur in Zeiten der Hochkonjunktur mit auf der Welle schwimmen können, und es bleiben jene, die auch in schwierigen Zeiten mit Sachverstand und weitsichtigem Handeln die Herausforderungen meistern.

Klare Steuerverhältnisse fördern den Konsum

Auch innerhalb der Automobilbranche war schon seit längerem klar, dass es zu einem grundlegenden Strukturwandel kommen muss und die Fahrzeugproduktionszahlen auf lange Sicht nicht mehr das hohe Niveau von Ende 2007 erreichen werden. Schließlich konnten wir im Sommer 2008 weltweit erleben, bis in welche Höhen der Ölpreis klettern kann – da machte selbst den autobesessenen Amerikanern das Gasgeben keinen Spaß mehr. Plötzlich gab es den bereits vorhergesagten Trend zu kleineren Fahrzeugen und kleineren Motoren tatsächlich. Auch machten die Politiker nach jahrelangen Ankündigungen hier und dort Ernst mit der Deckelung des CO_2-Ausstoßes von Neufahrzeugen. Daher war klar, dass die – auf »schneller, dicker, schwerer« getrimmte – Branche ihre Strukturen schnellstens würde anpassen müssen.

Die Finanzkrise kam manchem vermutlich gerade recht. Jahrelanges Missmanagement und das blinde Leugnen von veränderten Kundenansprüchen ließen sich plötzlich locker in der allgemeinen Krise verstecken. Die Finanzkrise überschattete alles. Jedenfalls beinahe. In Bezug auf Opel reagierte die Politik nicht mit Rettungspaketen »Pawlow'scher Art«, sondern ließ sich in aller Ruhe erst mal präsentieren, was das Unternehmen selbst zu tun gedenkt, um den Kopf aus der Schlinge zu ziehen. Schließlich hatte man jahrzehntelang ganz komfortabel an der Nabelschnur des Mutterkonzerns General Motors gehangen. Und der hatte sich, was zukunftsweisendes Management anging, nicht gerade mit Ruhm bekleckert.

Fast alle Automanager appellieren an die Politiker aller Länder, nicht durch Subventionen den in der Branche herrschenden harten Wettbewerb zu beeinflussen und eventuell den Schwächeren durch Staatsdoping zu unverdienten Erfolgen zu verhelfen. BMW und Daimler beschweren sich zu Recht über die ungerechte Abwrackprämie, von der sie in keiner Weise profitieren, obgleich ausgerechnet diese beiden Unternehmen in den letzten Jahren allerhand Anstrengungen unternommen haben, um auch unter neuen ökologischen Vorzeichen international wettbewerbsfähig zu bleiben.

Der Automobilindustrie geht es schlecht, aber nicht erst seit der Finanzkrise – die Krise hat die Misere nur zusätzlich verstärkt. Aufgrund der hohen Spritpreise hatten viele Verbraucher schon monatelang gezögert und ihren Autokauf Mal um Mal verschoben. In Zeiten explodierender Benzinpreise hatten gerade die deutschen Autobauer keine überzeugenden Antworten auf die drängendsten Fragen der Verbraucher: Warum gibt es keine sparsamen und dennoch bezahlbaren Fahrzeuge? Kann ich ein deutsches Auto mit alternativen Kraftstoffen erwerben, wie ein Hybridwagen, ein Erdgasfahrzeug oder gar ein Elektroauto?

Die Krise hat diese Fragen erst mal wieder verdrängt. Sprit ist wieder billig, weil aufgrund der Weltrezession die Ölpreise in den Keller gefallen sind. Wobei »in den Keller« natürlich relativ ist. Vor zwei Jahren galt ein Benzinpreis von über einem Euro je Liter noch als horrend. Erst durch das kurze Sommerhoch 2008, als der deutsche Michel seinen Tank zu Preisen von über 1,50 Euro pro Liter füllen musste, wurde das Preisgefühl verschoben: Steht der Literpreis etwas über einem Euro, jubilieren die Verbraucher.

Trotzdem, die Verbraucher warteten prinzipiell immer noch mit dem Autokauf. Zu groß bleibt die Verunsicherung, in welche Höhen sich der Benzinpreis vielleicht doch bald wieder bewegt. Mancher informierte Bürger schielte zudem nach Berlin – ganz im Ungewissen, wie die neue, auf CO_2 ausgerichtete Kfz-Steuer aussehen werde. Insofern war die Politik gut beraten, im Zuge der Krise endlich über die Bedingungen dieser Steuer zu entscheiden.

Allein diese Entscheidung nahm einen Bremsklotz vom Konsumrad, das durch die Abwrackprämie zusätzlich in Schwung gebracht wurde. Die Inhalte der Steuerregelung waren dabei fast nebensächlich.

Positiv ist in jedem Fall festzuhalten, dass überhaupt ein System eingeführt wurde, welches sich am Ausstoß des klimaschädlichen Kohlendioxids orientiert. Je niedriger der CO_2-Ausstoß, umso niedriger die Steuerbelastung. Das ist vom Prinzip her gut und richtig.

Leider wurde bei dieser temporeichen Entscheidungsfindung manche Chance vertan, die sich angeboten hätte. Umweltschützer beschweren sich zu Recht: Die Schadstoffklassen und Emissionswerte seien so gering, dass sie kaum zu unterbieten gewesen seien. Der Effekt für die Umwelt ist also gleich null. Zumal die neue Steuer vor allem über Steuerfreibeträge schmackhaft gemacht wurde: Halter von im ersten Halbjahr 2009 erstmals zugelassenen Wagen beispielsweise zahlen gar keine Kfz-Steuer.

In der aktuellen Form hat die neue Kfz-Steuer keinerlei

Lenkungsfunktion. Durch sie wurden überhaupt keine Anreize zum Bau effizienter Motoren oder zur Entwicklung neuer Antriebsformen gesetzt. Man muss darauf vertrauen, dass die Automobilindustrie von selbst begreift, wohin die Klimareise geht, und den Verkehr langfristig umweltgerecht auf eigene Faust regelt.

Bei aller Kritik muss man letztlich froh sein, dass endlich überhaupt eine Entscheidung gefallen ist. Was vorher monatelang in der Schwebe geblieben und durch politischen Kleinkrämerstreit beinahe zermürbt worden war, hatte durch die Krise plötzlich Substanz bekommen und sich in ein zwar zartes, aber durchaus zukunftsweisendes Steuerpflänzchen mit klimapolitischer Ausrichtung entwickelt. Langfristig muss man hoffen, dass das absurde Dienstwagenprivileg ebenso wie die wenig zukunftsweisende Pendlerpauschale abgeschafft und stattdessen belohnt wird, wer auf öffentlichen Nahverkehr, Carsharing oder schadstoffarme Fahrzeuge wie Fahrräder oder Elektroautos umsteigt. Solchermaßen vernünftige Bürger haben nämlich gar nichts von irgendwelchen Abwrackprämien für Altautos.

6: Die Hausaufgaben

Die Krise nicht verschwenden!

»Zur Rettung der Spekulanten haben die Industriestaaten binnen weniger als eines halben Jahres 45-mal so viel Geld mobilisiert, wie bislang zur Armutsbekämpfung und zum Klimaschutz insgesamt ausgegeben wurden«, rechnete das evangelische Hilfswerk »Brot für die Welt« im März 2009 vor. Das empörenswerte Missverhältnis, das mit diesem Vergleich beschrieben wird, stimmt ganz sicher, auch wenn die Zahlen so pauschal nicht überprüfbar sind. Aber in puncto Klimaschutz kann ich eine wissenschaftlich gesicherte Kalkulation vortragen:

2008 hatten wir in einer Modellrechnung am Deutschen Institut für Wirtschaftsforschung ermittelt, dass die ökonomischen Auswirkungen des Klimawandels auf die deutsche Volkswirtschaft in den kommenden 50 Jahren insgesamt etwa 3 Prozent des Bruttosozialproduktes ausmachen könnten, nämlich bis zu 800 Milliarden Euro. Diese Zahl schockierte alle. Dass uns das Nichtstun womöglich schon bis zum Jahr 2025 etwa 290 Milliarden Euro kosten könnte, schien eine unvorstellbare Summe auszumachen. Allerdings schien auch die Summe, die uns nach unseren Berechnungen die Gegenmaßnahme »Klimaschutz« kosten würde, den meisten viel zu hoch: Etwa 20 Milliarden Euro müsste Deutschland pro Jahr investieren. Das klang sehr hoch und wurde gedanklich erst erträglich, als man diesen Betrag auf einen einfachen Pro-Kopf-Wert herunterbrach: 70 Cent pro Tag sollte jeder in Klimaschutz investieren, und wir könnten das Schlimmste vermeiden. Und dieser Betrag wäre derzeit noch viel niedriger, da der Emissionszertifikatpreis mittlerweile um die Hälfte gesunken ist: Ein klimaneutrales Leben würde derzeit nur 35 Cent pro Tag kosten. Trotzdem klagten die meisten ob der unerträglichen Belastung.

Mit der Wirtschaftskrise brach ein ganz neues Geldgefühl aus. Allein als Rettungsschirm für die maroden Banken machte die deutsche Regierung unvermittelt 250 Milliarden Euro locker – also genau den Betrag, den konsequenter Klimaschutz in ungefähr 13 Jahren benötigen würde.

Nun gibt es viele, die einwenden, dass die weltweite Finanzkrise nun mal die dringlichere Herausforderung sei. Doch um eine Formulierung des Vorsitzenden der BDI-Klimaschutz-Initiative und Vorstandsvorsitzenden der Siemens AG Peter Löscher zu zitieren: »Klimaschutz ist nicht eine Schachtel Pralinen, auf die man in harten Zeiten verzichtet.«

In der Tat ist der Klimawandel die existenziellere Krise. Wenn wir uns den ökologischen Herausforderungen nicht stellen und auch keine Lösung für die Energiekrise finden, wird es uns nichts nützen, wenn wir jetzt kurzfristig mit teuren Maßnahmen die angeschlagene Wirtschaft aufpäppeln. Im Gegenteil: Klimaschutz ist ein Beitrag zum Weg aus der Krise. Langfristig schafft er Wachstumsmärkte, und nur eine Energiewende sichert unseren Wohlstand auf Dauer.

Die aktuelle Weltwirtschaftskrise ist ein Weckruf. Sie zwingt uns, viel Geld in die Hand zu nehmen. Das sollten wir jedoch nicht unbedacht tun. Denn die Milliarden, die wir jetzt ausgeben, müssen wir uns erst leihen. Keine Regierung dieser Welt verfügt derzeit über entsprechende finanzielle Reserven, alle Staaten machen Schulden, und zwar in erheblichem Maß. Japans Verschuldung lag bereits vor der Krise bei rund 170 Prozent des Bruttoinlandsproduktes, die höchste Verschuldung aller Industrienationen.

Nicht viel besser sieht es in Deutschland aus: Unsere Staatsverschuldung beträgt knapp 66 Prozent des Bruttoinlandsproduktes, und das, obgleich im Maastricht-Vertrag der Europäischen Union festgelegt wurde, dass die Staatsverschuldung der Mitgliedsstaaten 60 Prozent des BIP nicht übersteigen dürfe. Vor der Krise hatte Deutschland sich deswegen zuvorderst darum bemüht, einen ausgeglichenen Haushaltsplan vorzulegen und die Staatsverschuldung nicht weiter zu erhöhen. Die Konjunkturprogramme führen jetzt jedoch zu einem historischen Anstieg der Staatsverschuldung in allen großen Industrie- und Schwellenländern.

Doch mit Schulden ist es, wie es mit Schulden nun mal ist: Irgendwann ist Zahltag, dann müssen die Schulden zurückgezahlt werden. Und das müssen nicht wir tun, die wir das Geld heute ausgeben, sondern die künftigen Generationen, die nicht über unsere heutigen Ausgaben entscheiden können. Den Zahlschein bekommen ausgerechnet die Menschen auf den Tisch, die ohnehin ausbaden müssen, was wir mit unserem heutigen Lebensstil hinterlassen haben: sei es endlos strahlender Atommüll, seien es abgeholzte Wälder, sei es ein Klimawandel oder Energiemangel.

Durch Schulden in der Vergangenheit haben wir bereits einen Großteil unserer Zukunft verfrühstückt. Es wäre mehr als geboten, diese zukünftigen Generationen nicht wieder und wieder zu belasten, sondern die Kredite wenigstens in der Weise zu nutzen, dass sich statt Zins und Zinseszins der Schuldenlast vielleicht doch eines Tages wenigstens eine Kostendeckung oder – die Hoffnung stirbt zuletzt! – echter Gewinn ergibt. Die Kombination aus Klimaschutz und Energiewende könnte derlei sein. Vorausschauende Politiker, Wissenschaftler und Unternehmer wissen das. Deswegen fordern sie endlich eine klare und konsistente Politik zum Klimaschutz.

Alle Konjunkturpakete wären darauf zu überprüfen, wieweit sie nicht bloß kurzfristige Strohfeuer sind, sondern langfristigen Zielen dienen. Auch in Deutschland, wo die zwei Konjunkturpakete bereits verabschiedet sind, liegt das Kind noch nicht völlig im Brunnen.

Zwar ist die Abwrackprämie beschlossene Sache, aber es liegt in der Verantwortung der Verbraucher, bei ihren Kaufentscheidungen auch ökologische Kriterien anzusetzen. Je mehr Menschen sich für umweltfreundliche Wagen mit niedrigem CO_2-Ausstoß entscheiden, desto mehr wird die Industrie begreifen, dass sie ihre Produktion in diese Richtung ausbauen und ihre Forschung intensivieren muss.

Auch die von der Bundesregierung bereitgestellten Gelder für Investitionen in die Infrastruktur, die von den Kommunen in den nächsten Monaten abgerufen werden können, haben prinzipiell keinerlei klimabezogene Einschränkung. Auch hier ist jetzt die politische Weitsicht der verantwortlichen Kommunalpolitiker gefordert. Wer überlegt, mit den unverhofften staatlichen Geldgeschenken sein Feuerwehrhäuschen hübsch anzumalen oder die Konferenzräume im Rathaus mit schicken neuen Möbeln auszustatten, sollte kurz innehalten und sich auf Wichtigeres besinnen. Zu Recht prangern die Medien an, wenn sich die Bundeswehr mit Geldern aus dem Konjunkturpaket Flugtickets für Militärübungen in den USA bestellt, das Deutsche Patentamt Gardämpfer und Scanner kauft oder im Zoo Hannover ein neuer Kängurukäfig gebaut wird. Das mag kurzfristig lokalen Handwerks- und Handelsbetrieben Umsatz verschaffen, aber wer will seinen Enkeln erklären, dass sie wegen solcher Lappalien unter den Folgen des Klimawandels leiden müssen?

Nein. Die Ansätze einer langfristigen (Wirtschafts-)Politik sind klar. Es ist Zeit für den Green New Deal, von dem schon vielerorts die Rede ist – in Anlehnung an den »New Deal«, den der amerikanische Präsident Roosevelt entsprechend den Theorien von John Maynard Keynes mit einem gewaltigen Paket von Wirtschafts- und Sozialreformen einführte, um die größte Wirtschaftskrise des letzten Jahrhunderts einzudämmen – was letztlich gelang!

Der Green New Deal kann genauso erfolgreich sein, wenn wir mit derselben Entschlossenheit vorgehen wie die Politiker und Wirtschaftskräfte im letzten Jahrhundert. Zwar verfolgen die Vordenker, die sich auf diesen Begriff berufen, im Detail unterschiedliche Konzepte, doch im Kern einen sie dieselben Ziele: Es geht um eine nachhaltige Ökonomie, die sich durch die Förderung erneuerbarer Energien, den Ausbau des öffentlichen Verkehrsnetzes und umweltfreundliche Technologien in allen Bereichen von Industrie und Wirtschaft auszeichnet, sowie um soziale Gerechtigkeit in globalen Dimensionen, die durch Investitionen in Bildung und Gesundheitswesen gefördert werden soll. Bei alldem soll der »ungezügelte Kapitalismus« durch ein klares und weltweit gültiges Regelwerk in seinen schlimmsten Auswüchsen an Gier und Maßlosigkeit

DIE HAUSAUFGABEN

gebändigt werden – und zwar ohne nationalen Protektionismus.

Unstrittig ist: Durch die steigenden Energiepreise ist die nächste Wirtschaftskrise vorprogrammiert, und ohne Energiewende werden wir über kurz oder lang nicht nur auf die nächste ökonomische Krise, sondern auch auf eine gewaltige ökologische Krise zusteuern.

Klar ist auch: Unsere Schlüsselindustrien müssen sich deswegen auf ökologische Fragen konzentrieren. Bei der Lösung der ökonomischen Krise müssen wir die ökologische Krise mitdenken, sonst droht uns nicht nur der Zusammenbruch unserer Wirtschaft, sondern auch ein Klimakollaps. Der Fokus unseres Denkens und Handelns muss sich deswegen auf das Kernthema Energie richten.

Sechs Aufgaben stehen auf der To-do-Liste der Welt und damit auch auf der Agenda der deutschen Politiker:

Aufgabe I: Märkte regulieren

Politische Verantwortung übernehmen

Zuallererst müssen alle Beteiligten begreifen, dass sich die Weltwirtschaft nicht durch Konjunkturprogramme allein retten lässt. Sie können höchstens kurzfristig eine Notzeit überbrücken. Wichtig ist es aber, in dieser Zeit die Strukturen zu ordnen, die zum Absturz des Systems geführt haben. Über die Grundprinzipien der neuen Finanzordnung haben sich die G-20-Staaten in den letzten Monaten verständigt. Nationale und internationale Sanierungen des Bankensektors stehen nun an. Doch wichtig ist es, diese Aufbruchstimmung, die aus der Krise herausführen kann, auch für andere Bereiche der Wirtschaft zu nutzen. Die Finanzkrise hat uns gelehrt, dass der Markt nicht von selbst die für die Gesellschaft besten Lösungen hervorbringt. Wir benötigen Spielregeln und kompetente Schiedsrichter. Die Spielregeln muss die Politik festlegen, und sie muss kompetente Schiedsrichter einsetzen; das heißt nicht, dass der Staat selbst als Unternehmer antreten muss. Wir brauchen Unternehmen, die plausible Antworten auf die globalen Herausforderungen haben. Und wir brauchen eine Politik, die Regeln für den Umgang mit den globalen Herausforderungen entwickelt.

Emissionshandel konsequent umsetzen

Die einfachste Regel für die Reduzierung der klimaschädlichen CO_2-Emissionen heißt Emissionshandel. Indem man CO_2 mit einem zu zahlenden Preis versieht, lässt sich der weltweite Ausstoß simpel begrenzen: Was bislang vermeintlich umsonst war, muss dann auf einem fairen Markt zu einem auszuhandelnden Preis bezahlt werden. Auf diesem Markt versucht jeder, seine Kosten gering zu halten und seine Gewinne zu maximieren. Im Emissionshandel heißt das: Jeder hat den Anreiz, seine Emissionen gering zu halten und mit den überschüssigen Rechten Geld zu verdienen. Je mehr man verbraucht, desto mehr muss man dafür bezahlen – und umgekehrt.

Dazu gehört allerdings auch, dass man die Emissionsrechte wirklich dem Markt überlässt und sie nicht als Staat an die »Bedürftigen« verschenkt. Genau das ist aber in der Vergangenheit geschehen. Und zwar absurderweise ausgerechnet in Richtung auf die Unternehmen mit besonders hohen Emissionswerten hin. Die Stromkonzerne zum Beispiel haben dann die Kosten (die sie in Wahrheit gar nicht hatten) für den Emissionshandel in die Stromgebühren einkalkuliert und an den Verbraucher weitergegeben. Ein prima Geschäft – für die Konzerne: Bis zu 5 Milliarden Euro Mehreinnahmen hat die Branche dadurch erzielt. Das ist zwar legal, aber volkswirtschaftlich unsinnig. Hätte die Politik auf uns Experten gehört und die Emissionsrechte verkauft, dann wären die Einnahmen nicht bei den Konzernen, sondern beim Staat gelandet. Und der könnte das Geld für Klimaschutz ausgeben. Aber dass die Politik lernfähig ist, hat sie ja gerade erst im Umgang mit der Krise gezeigt, das lässt auch für den Emissionsrechtehandel hoffen.

Seit neuestem werden die Emissionsrechte – zumindest zu einem Teil – ordentlich versteigert. Doch während der Finanzkrise ist der Emissionshandel ein wenig wirkungsvolles Instrument, wenn nicht die Gesamtmenge der Emissionen reduziert wird. Aufgrund der Produktionsrückgänge gehen automatisch auch die Emissionen zurück; das Überangebot an Emissionsrechten führt zu einem Preisverfall. Die ursprüngliche Idee war, dass sich der Preis für CO_2 zwischen 20 und 30 Euro einpendelt; mit diesem Preis wurde kalkuliert. Jetzt kostet die Tonne CO_2 unter 10 Euro. Das bedeutet für die Verkäufer erhebliche Einnahmeverluste. Viele Klimaschutzprojekte liegen deswegen derzeit auf Eis.

Auch sollte man gefälligst alle Unternehmen, vor allem alle CO_2-Emittenten, am Emissionshandel beteiligen. Bislang ist der Flugverkehr beispielsweise davon ausgenommen, und das, obwohl gerade der CO_2-Ausstoß von Flugzeugen besonders schwer wiegt. Die Luftfahrtbranche ist jedenfalls schon längst dabei, sich auf den Emissionshandel ein- und entsprechende Überlegungen anzustellen, wie sich die Kosten reduzieren lassen. Genau der Effekt also, den man sich vom Emissionshandel erhofft. Nur der Politik fehlt bislang der Mut, zur regulativen Tat zu schreiten.

Das Argument, es müssten alle Länder mitmachen, weil Flugzeuge schließlich international verkehren, zieht insofern nicht, als auch die Start- und Landegebühren auf den Flughäfen dieser Welt unterschiedlich hoch sind – trotzdem werden nicht nur Billigflughäfen am Rand der Welt angesteuert. Wenn die Leute wirklich irgendwohin wollen, wird es nicht an den Mehrkosten für die Emissionsrechte scheitern. Nur zur Klärung: Wir reden hier zum Beispiel bei einem Flug von Hamburg nach Paris von Mehrkosten in Höhe von unter 10 Euro! Die kann übrigens derzeit jeder freiwillig zahlen, was aber natürlich nicht viele tun. Daher muss in diesem Fall – durch den Emissionshandel erzwungen – der Markt den Preis bestimmen und die Klimakosten gleich mit einkalkulieren.

Der Emissionsrechtehandel kann nur kostenwirksam werden, wenn nicht allzu viele Ausnahmeregelungen das Instrument an sich aufweichen. Sicher können Ausnahmen sinnvoll sein, insbesondere für Unternehmen, die im internationalen Wettbewerb stehen. Deswegen hat die EU-Kommission die Regelungen zum Kauf der Zertifikate der EU-Unternehmen angepasst. Das bedeutet aber nicht, dass der Emissionshandel außer Kraft gesetzt wird, wie manche Medien fälschlicherweise berichtet und wofür sie die Bundeskanzlerin verantwortlich gemacht haben. Der Emissionshandel funktioniert weiterhin wie gehabt; es wurden lediglich unterschiedliche Regelungen getroffen, in welchen Ländern welche Unternehmen wie viele Zertifikate geschenkt bekommen und welche nicht. Diejenigen Unternehmen, die hohe Energiekosten haben und sehr stark im internationalen Wettbewerb stehen, müssen nicht den vollen Anteil der Emissionszertifikate hinzukaufen und bekommen immer noch einen Teil geschenkt. Allerdings birgt auch das wieder die Gefahr, dass oft allein der Lobbyeinfluss bestimmt, wer Emissionsrechte kostenlos bekommt und wer nicht. Eine konsequente Versteigerung der Emissionsrechte kann genau dies verhindern. Es wird Zeit, das endlich zu begreifen!

Gold-Standard bei Emissionszertifikaten einführen

Ebenfalls an Regulierung fehlt es bei der Anerkennung von sogenannten CDM-Emissionszertifikaten: Wenn ein Industrieland ein Klimaschutzprojekt in einem Entwicklungsland initiiert, und zwar zusätzlich zu dem, was sowieso passiert oder vorhanden ist, dann wird derlei als Emissionsminderung des Industrielandes anerkannt – im Gegenzug darf man im Industrieland mehr CO_2 ausstoßen. Das nennt sich »Clean Development Mechanism«, kurz CDM. Zwar gibt es global geregelte Kriterien, wonach solche CDM-Projekte bewertet werden. Echte Klimaschutzprojekte bekommen ihren Emissionswert offiziell bestätigt. Aber im Handel mit CDM-Emissionszertifikaten ist es bislang nur freiwillige Selbstverpflichtung, ausschließlich Zertifikate mit Gold-Standard zu nutzen. Das sollte Pflicht werden!

Einnahmen aus dem Emissionshandel für den Klimaschutz nutzen

Ebenso sollte gesetzlich geregelt werden, dass sämtliche Einnahmen aus dem Emissionshandel auch wirklich für den

Klimaschutz verwendet werden müssen. Bislang ist auch das nur freiwillige Selbstverständlichkeit. Es ist leicht vorstellbar, dass es besonders in wirtschaftlich schwierigen Zeiten verführerische Alternativen gibt, das Geld auszugeben.

Öko-Siegel für »Grüne Fonds« vergeben

Gut wäre zudem, wenn sich die Politik durchringen könnte, Kriterien und Regeln zu schaffen, mit denen sich im Finanzmarkt sogenannte »Grüne Fonds« beurteilen lassen. Manches Geldinstitut springt nämlich auf den aktuellen Modetrend auf und bietet Geldanlagen mit einem Pseudo-Öko-Label an, die mit Öko nicht das Geringste zu tun haben. Hier könnte man ähnlich wie beim EU-Bio-Zertifikat bei Lebensmitteln definieren, wie viel Prozent eines Fonds mindestens in tatsächlich klimafreundlichen und ökologischen Projekten angelegt sein müssen. Wichtig wäre, dass es einheitliche Regelungen gibt und dass auch möglichst viele Länder mitmachen. Auch wäre es sinnvoll, eine »grüne Quote« einzuführen. Beispielsweise könnte man festlegen, dass mindestens 30 Prozent aller Fonds »Grüne Fonds« sein sollten.

Emissionsabhängige Kfz-Steuer erheben

Eine bereits im Ansatz gelöste regulative Aufgabe im Sinne des Klimaschutzes ist die Umstellung der Kfz-Steuer auf CO_2-Basis. Zwar hat alles wieder mal sehr lange gedauert, doch ab 1.Juli 2009 orientiert sich – hoffentlich – die Kfz-Steuer nicht mehr nur wie bisher am Hubraum, sondern stattdessen zusätzlich am CO_2-Ausstoß eines Autos. Das Signal stimmt, wenngleich sich in den Details sicher manches verbessern und vor allem verschärfen lässt. Noch sind die Bestimmungen

DIE HAUSAUFGABEN

viel zu lasch, um wirklich einen Effekt auf das Kaufverhalten der Autobesitzer zu haben. Da ist im Gegenteil noch einiges zu verbessern, damit die Verbraucher Anreize bekommen, spritsparende Autos und / oder innovative Autos zu kaufen oder vielleicht ganz auf ein Auto zu verzichten und auf umweltfreundlichere Verkehrsmittel umzusteigen.

Aufgabe II: »Grüne Märkte« unterstützen

Klimabewusst konsumieren

Ist die aktuelle Bio-Euphorie ein Anzeichen für eine langfristige Marktveränderung oder nur eine kurze Mode? Diese Frage haben sich viele lange gestellt. Allmählich und gerade in der Wirtschaftskrise zeigt sich: »Öko« ist längst kein Trend mehr, »Öko« ist eine Lebenshaltung, die die Menschen auch in schwierigen Zeiten nicht aufgeben. Selbst wenn viele Menschen sich derzeit aufgrund der schwierigen wirtschaftlichen Situation einschränken müssen, Bioprodukte hielten sich trotz Krise auf stabilem Niveau. Für die Wirtschaft sind solche Erfahrungen wertvoll, denn eine fundamentale Umstellung auf umweltbewusste Produktionsformen und die konsequente Herstellung von Bioprodukten erfordert oft hohe Investitionen und eine langjährige Umbauphase. Die Umstellung von konventioneller Landwirtschaft auf ökologisch anerkannten Landbau braucht etwa zwei bis drei Jahre, die Entwicklung eines umweltfreundlichen Autos etwa fünf bis sechs Jahre und ein neues Kraftwerk mindestens zehn Jahre Bau- und Entwicklungszeit.

Solchen Aufwand betreibt ein Unternehmen nur, wenn es

sicher ist, dass sich die Investitionen langfristig lohnen. Dafür braucht man entweder politische Rahmenbedingungen, die eine unternehmerische Sicherheit geben, oder stabile Kundenbeziehungen. Deswegen liegt es an den Verbrauchern, ihr Verhalten frühzeitig auf klimabewussten Konsum einzustellen und nicht auf »bessere Zeiten« zu warten. Klimabewusste Konsumenten bezahlen den Mehrpreis für ökologisch verantwortliche Produkte schon heute und verzichten lieber auf weniger wichtigen Schnickschnack. Der angeblich so teure Einkauf im Bioladen oder die vermeintlich teure Anschaffung eines energieeffizienten Gerätes rechnet sich auf lange Sicht allemal. Deswegen: Ob Ökostrom oder Abonnement einer Bio-Kiste, Straßenbahn oder Fahrrad, Hybridwagen, Solarmobil oder Elektrowagen, die neue Hausdämmung oder das Solardach – wer CO_2-arme Produkte kauft, spart nicht nur Emissionen, sondern fördert zugleich eine zukunftsgewandte, klimabewusste Wirtschaft.

Klimabewusst produzieren

Glücklicherweise wollen immer mehr Unternehmen, Bürger und Politiker eine möglichst CO_2-arme, sichere und bezahlbare Energie für das Heizen, Kühlen, für Mobilität und Stromherstellung nutzen. Ob Energiesparlampen, Bioprodukte, klimaneutrales Fliegen, Bahnfahren oder Ökostrom – die Menschen stellen sich immer mehr um, auch wenn ein Großteil der jüngsten Änderungen eher durch hohe Energiepreise ausgelöst wurde.

Inzwischen erkennen immer mehr Unternehmen die Zeichen der Zeit und gehen gezielt in die neuen Klimaschutzmärkte. Insbesondere Deutschland kann von einem Technologievorsprung profitieren, denn im Gegensatz zu vielen anderen Ländern in der Welt kann die Bundesrepublik nur eine wichtige Ressource aufweisen: Wissen.

Klimaschutz lohnt sich – nicht nur für die Umwelt und fürs gute Gewissen, sondern auch finanziell. Bei klugen Investitionen bringt Klimaschutz nämlich sogar Gewinn – volkswirtschaftlich sowieso, aber auch für den einzelnen Unternehmer oder Arbeitnehmer. Das beweisen die Erfolgsgeschichten der Öko-Pioniere in den letzten krisengeschüttelten Monaten!

Klimaschutz finanziell entlasten

Neue Produkte und Techniken sind zu Beginn kostenintensiver und werden erst mit steigender Absatzzahl billiger. Daher müssen sie zu Beginn gezielt gefördert werden, sei es durch steuerliche Entlastung, zinsgünstige Kredite, Gelder durch Umlagen wie bei der Förderung erneuerbarer Energien oder durch gezielte staatliche Förderung. Insgesamt gesehen benötigen wir einen klugen Mix an Instrumenten und Maßnahmen. Dazu könnten Investitionsbürgschaften für Green Investments gehören, die, anders als die »Rettungsschirme«, nicht Fehler der Vergangenheit ausgleichen, sondern Chancen der Zukunft eröffnen.

Global denken und global verhandeln

Ernst zu nehmender Klimaschutz geht weit über das schwäbische Sauberkeitsprinzip »Jeder kehre vor seiner eigenen Tür« hinaus. Es geht nicht nur um den Dreck unserer eigenen Industrie, sondern um den der ganzen Welt. Schließlich tragen wir T-Shirts, telefonieren mit Handys und spielen mit Gameboys, die nicht in Deutschland, sondern irgendwo auf der Welt produziert wurden – und deren Produktion sich in den CO_2-Bilanzen anderer Länder niederschlägt. Wenn wir wirklich Klimaschutz betreiben wollen, dann müssen wir zusehen, dass die ganze Welt ihre Treibhausgasemissionen reduziert. Staatlicher Protektionismus, der hiesige Industrien vor Belastungen zum Beispiel durch hohe Emissionskosten schützt, führt in eine politische Sackgasse. Eines von Chinas Argumenten gegen aktiv und eigenfinanzierten Klimaschutz ist ja gerade, dass das Land vor allem Güter für die westlichen Industrienationen produziert. Die Emissionen gehen also eigentlich auf unser Konto! In den politischen Verhandlungen sollte man sich darum nicht zu sehr zum Büttel der heimischen Industrien machen, sondern verantwortlich über langfristige und international tragfähige Konzepte nachdenken.

Klimaneutral leben

Wir alle könnten längst klimaneutral leben, wenn wir wollten. Sofort! Jeder kann seinen individuellen CO_2-Fußabdruck auf Basis seines jetzigen Lebensstandards ermitteln. Wer mehr als drei Tonnen CO_2 pro Jahr emittiert, sollte zusehen, wie er seine Emissionen reduziert, oder wenigstens die Rechnung dafür begleichen. Noch dürfen wir gratis das Klima belasten. Aber wenn wir nicht bald anfangen, dafür zu zahlen, werden wir in absehbarer Zeit das Doppelte bezahlen müssen. Siebzig Cent ist der Betrag, den uns die durchschnittlichen CO_2-Emissionen eines Deutschen pro Tag kosten würden, wenn wir sie am Emissionsmarkt kaufen müssten. Das sind 250 Euro pro Jahr – und derzeit aufgrund des niedrigen Emissionszertifikatpreises sogar nur die Hälfte, aber das wird sich nach der Finanzkrise sicherlich wieder ändern. Dieses Geld sollten wir schon jetzt bewusst für den Klimaschutz ausgeben, sei es durch Ökostrom, Energiesparlampen, durch ein Hybrid- oder Elektroauto oder regionale Produkte. Oder wir spenden diesen Betrag für Klimaschutzprojekte in der Welt – aber bitte mit Gold-Standard!

Aufgabe III: Für Energiesicherheit sorgen

Energieministerium schaffen

Deutschland hat keine Stromlücke – noch nicht. Aber Deutschland hat eine Politiklücke. Dreizehn verschiedene Bundesministerien befassen sich mit Fragen der Energieversorgung. Insbesondere zwei Ministerien – das Wirtschafts- und das Umweltministerium – streiten sich häufig und ringen um die aus ihrer Sicht richtige Energiepolitik – ein unerträglicher Zustand. Deutschland braucht dringender denn je ein Energieministerium, das federführend alle Interessen zusammenbringt, für eine einheitliche Energiepolitik sorgt und die Ansprüche von Versorgungssicherheit, Klimaschutz und Wettbewerbsfähigkeit des Energiemarkts bündelt. Dieses Energieministerium muss letztendlich die Entscheidungshoheit haben, notfalls Kraftwerksneubauten oder den Ausbau der Infrastruktur anzuweisen.

Gasversorgung sichern

Europa muss genau wie beim Öl dringend auch für die Gasversorgung eine EU-Sicherheitsstrategie entwickeln. Strategische Gasreserven sollten national angelegt, aber koordiniert und effektiv zwischen den EU-Ländern verteilt werden. Nicht zu früh sollte man sich freuen, wenn der Gaspreis fällt. Denn dann sinken in Russland oder im Iran auch die Investitionen in die Exploration. Eine Gaslücke droht. Und damit eine immense Preissteigerung. Dafür sollten wir frühzeitig Geld zurücklegen.

Zugleich sollten wir schleunigst nach alternativen Gaslieferanten suchen. Je größer die Zahl unserer Lieferanten, desto geringer die Abhängigkeit von der politischen Willkür Einzelner. Wenn wir auch nach 2020 ausreichend mit Erdgas versorgt werden wollen, müssen wir bereits jetzt Gasimporte vertraglich absichern – und zwar aus möglichst verschiedenen Ländern. In Frage kommen neben Russland und den Anrainerstaaten des Kaspischen Meeres diverse Länder in Afrika oder im Nahen Osten.

Von fossilen Energien verabschieden

Auch wenn der Ölpreis aktuell wieder niedrig ist: Über kurz oder lang wird der Preis erneut steigen. Wenn aufgrund der geringen aktuellen Margen nicht ausreichend Geld in die Ölförderung investiert wird, entsteht die nächste Energiekrise bzw. Preisexplosion, sobald die Wirtschaft wieder anzieht. Erwartungsgemäß wird sich der globale Energieverbrauch in den kommenden 50 Jahren verdoppeln – und damit auch die Nutzung von fossiler Energie. Die Ressourcen von Öl und Gas sind begrenzt. Die Verbrennung von Kohle ist – derzeit noch – nicht klimaverträglich möglich. Deswegen müssen wir dringend den Weg zu einer CO_2-freien, sicheren und bezahlbaren Energie ebnen, das heißt mehr Geld für die Erforschung innovativer Energietechnologie aufwenden, insbesondere alter-

native Kraftstoffe entwickeln und die erneuerbaren Energien
deutlich ausbauen.

Erneuerbare Energien und alternative Kraftstoffe fördern

Wir müssen den Strommix auf erneuerbare Energien ausrichten. Dazu gehört auch die Beibehaltung des EEG – ergänzend zum Emissionshandel, solange er mit zahlreichen Aus-
nahmeregeln versehen ist. Solange der Emissionshandel nicht
flächendeckend eingesetzt wird, d. h. alle Treibhausgase, alle
Sektoren und vor allem viele Länder mit einbezogen werden,
die sich wirklich zu Emissionsminderungszielen verpflichten,
wird es auch keine ausreichenden finanziellen Anreize geben,
in heute vergleichsweise teure Energietechniken zu investieren. Dazu müssten die Emissionshandelspreise dauerhaft auf
ein Niveau von über 60 Euro pro Tonne CO_2 steigen, dagegen
werden sich viele Unternehmen und Länder wehren! Und:
reine Forschungsförderung reicht eben nicht aus – sie ist auch
wichtig, aber eben nicht nur. Ein positives Beispiel, wie man
es richtig machen kann, ist die Förderung erneuerbarer Energien. Jeder Stromverbraucher zahlt cirka 3 Prozent seines
Strompreises für die Förderung erneuerbarer Energien. Die
Anbieter erneuerbarer Energien bekommen einen festen
Preis garantiert, damit sich die Investitionen lohnen. Das
führt zu Planungssicherheit und, wie man in Deutschland sehen kann, auch zu einem deutlichen Ausbau der Techniken,
somit auch zu einer erfolgreichen Markteinführung und
-durchdringung. Dadurch, dass immer mehr Länder in der
Welt in diese Technik investieren, werden die Kosten immer
weiter fallen. Und damit muss man auch nicht weiter fördern,

die Umlage reduziert sich immer weiter. Und so sollte man es auch mit anderen Techniken machen, die heute noch teuer sind, die wir aber mittel- bis langfristig benötigen. Wie neue Antriebsstoffe und -technologien, ein Beispiel ist der Elektromotor: mit dieser Technik könnte man mehrere Energieprobleme lösen: Strom wird aus erneuerbaren Energien gewonnen und gespeichert – die Speichertechniken müssen noch erforscht und marktreif gemacht werden – zudem könnte die Mobilität aufrechterhalten werden – und damit die wichtigen Warenströme in einer globalen Wirtschaftswelt. Anstelle Abwrackprämien zu zahlen, sollte man lieber erfolgsversprechende Techniken finanziell unterstützen – bis sie marktfähig sind.

Der Ausbau erneuerbarer Energien sowie Biokraftstoffe der zweiten Generation stärken die Versorgungssicherheit und schützen das Klima.

Atomenergie langfristig aufgeben

Gerade der Wunsch nach einem effektiven Klimaschutz verleitet immer mehr Länder dazu, sich der Kernenergie wieder zuzuwenden.

Nur: Die Nuklearenergie ist sicherlich keine preisgünstige Technologie, obwohl mit abgeschriebenen Atomkraftwerken vergleichsweise günstig Strom produziert werden kann. Nur mit massiver Subventionierung – in Deutschland allein wurden bis zu 40 Milliarden Euro Subventionen für die Atomenergie aufgewendet – ist der Bau von neuen Nuklearkraftwerken zu realisieren. Der Bau eines neuen Reaktors in Finnland machte jüngst deutlich, dass die Kosten sich schnell über den geplanten Rahmen hinaus erhöhen können. Zudem müssen die Kosten der Endlagerung des radioaktiven Mülls und der finanziellen Absicherung aufgrund möglicher Umwelt-, Gesundheits- sowie wirtschaftlicher Risiken mit eingerechnet werden. Es bleibt fraglich, ob die Banken die angekündigten Kraftwerke in England, der Schweiz oder auch Schweden wirklich ohne die finanzielle Absicherung durch Staatsgelder genehmigen werden. Die Finanzkrise erschwert derartige Genehmigungen, wenn sie sie nicht sogar ganz unmöglich macht.

Zudem ist auch Uran eine endliche Ressource, deren Preis bei zunehmender Nachfrage steigen wird. Ein Ausweichen auf Plutonium birgt erhebliche Sicherheitsrisiken, da politisch instabile Länder natürlich immer Interesse an waffenfähigem Material haben.

Sowohl der Schienenverkehr als auch die Herstellung alternativer Kraftstoffe (wie beispielsweise Wasserstoff) oder die Elektromobilität benötigen weltweit immer mehr Strom. Dieser kann in der Übergangszeit aus Atomkraftwerken kommen, in 30 bis 40 Jahren werden wir jedoch auf andere Energieformen umstellen müssen.

Ein Comeback der Atomenergie wird es sicher nicht geben, auch wenn vielleicht einige wenige neue Kraftwerke gebaut werden – etwa in England, Osteuropa, Russland oder auch den USA. In Deutschland wäre aber höchstens – und das auch nur mit der Mehrheit einer von CDU und FDP gelenkten Regierung – eine Verlängerung der Restlaufzeiten vorhandener Kernkraftwerke möglich. Ein Neubau von Atomkraftwerken ist in Deutschland allein schon aufgrund mangelnder öffentlicher Akzeptanz ausgeschlossen.

Falls eine Verlängerung der Laufzeit der Atomkraftwerke ausgehandelt wird, sollten sich die Energiekonzerne jedoch verpflichten, mehr Geld in den Ausbau erneuerbarer und CO_2-freier Energietechniken zu investieren. Denn mittel- bis langfristig gibt es dazu keine Alternative!

Aufgabe IV: Energieeffizienz steigern

Wir müssen dringend effizienter mit Energie umgehen. Die bessere Ausnutzung vorhandener Energie spart nicht nur Kosten, sondern macht uns unabhängiger von Gas- und Öllieferanten aus politisch instabilen Ländern. Energieeffizienz erhöht die Versorgungssicherheit, gerade und erst recht, wenn der Energiebedarf weiterhin im selben Ausmaß steigt wie bisher. Bereits in 50 Jahren wird sich der weltweite Energiebedarf verdoppelt haben. Selbst wenn wir effizienter werden, steigt unser Energieverbrauch trotzdem noch erheblich.

Investitionshilfen für energetische Sanierung leisten

Steigende Energiekosten machen eine nachhaltige Steigerung der Energieeffizienz von Gebäuden für Wohnungsunternehmen, private Immobilienbesitzer sowie für Mieter immer wichtiger. Durch die energetische Sanierung von Altbauten können bis zu 50 Prozent der heute verbrauchten Energie eingespart werden. Allerdings gibt es hier großen Finanzbedarf. Dafür bietet die KfW-Förderbank im CO_2-Gebäudesanierungsprogramm neben zinsgünstigen Krediten seit Januar 2007 auch Zuschüsse für die energetische Sanierung von Wohngebäuden an. Das ist ein erster guter und wichtiger Schritt. Zudem stellt auch die Bundesregierung den Ländern mehr Geld für die energetische Sanierung der Bundes- und Landesbauten bereit.

So unterstützen beispielsweise die Investitionsbank Berlin (IBB) und die Berliner Energieagentur (BEA) mit einem gemeinsamen Projekt zur energetischen Gebäudesanierung Immobilienbesitzer, das große Energieeinsparpotenzial in den rund 140 000 Mehrfamilienhäusern Berlins zu erschließen. Um sanierungswillige Wohnungsunternehmen und private Immobilienbesitzer zur energetischen Sanierung ihres Gebäudebestands zu motivieren, bieten IBB und BEA eine darlehensfinanzierte Förderung in Kombination mit einer energetischen Beratung. Und die HOWOGE Wohnungsbaugesellschaft mbH in Berlin hat für die Komplettsanierung eines Doppelwohnhauses in Plattenbauweise in Lichtenberg zum größten Niedrigenergiehaus Deutschlands im November 2008 den deutschen Umweltpreis des BUND erhalten. Das hat Vorbildcharakter und braucht viele Nachahmer!

Transparenz bei Energieverbrauch

Durch den Gebäudeenergiepass werden Hauseigentümer und Vermieter verpflichtet, die Energiebilanz des Gebäudes transparent zu machen. Zukünftig werden energetisch sanierte Gebäude an Wert gewinnen und immer attraktiver für Mieter werden. Wichtig ist in diesem Zusammenhang aber auch, dass es international vergleichbare Standards gibt. Obwohl die Energieeffizienzstandards in Deutschland im internationalen Vergleich recht hoch sind, haben beispielsweise die USA mit dem »Leadership in Energy and Environmental Design« ein umfassendes Zertifikat geschaffen, das weltweit vergleichbare Standards für Energieeffizienz und Umwelt- sowie

Sozialaspekte verbindlich festlegt und die Gold- oder Platin-Auszeichnung einzelner Gebäude mittlerweile international angestrebt wird. Es wäre wichtig, dass auch in Deutschland derartige Standards festgelegt werden. Die Deutsche Gesellschaft für Nachhaltiges Bauen (DGNB) vergibt ein Qualitätszeichen für herausragende Gebäude. Dieses Zertifikat bringt allen Beteiligten große Vorteile und ist ein wichtiger Schritt in die richtige Richtung. Dennoch sollte es ein international einheitliches Zertifikat geben, welches die Vergleichbarkeit sicherstellt. Zwar sind die deutschen Gebäudestandards zumeist viel höher als die internationalen, daher ist es verständlich, dass es ein anspruchsvolles Qualitätssiegel für deutsche Gebäude geben soll. Dennoch orientieren sich die internationalen Unternehmen an dem LEED Standard. Ein neues und nur deutsches Siegel wird international kaum wahrgenommen werden.

Zunächst sollten Kommunen und Bundesländer beginnen, die öffentlichen Gebäude energetisch zu sanieren, und somit die Vorbildfunktion stärker ausüben. Die Bundesregierung sollte die finanziellen Anreize verbessern, Investitionen bereitstellen und bestimmte Standards verbindlich festlegen.

Der beste Teil des Konjunkturpakets II der deutschen Regierung ist eindeutig der Beschluss, kommunale Infrastrukturmaßnahmen zu fördern. Bei diesen Maßnahmen zur Sanierung von Schulen und Behördengebäuden darf es sich aus rechtlichen Gründen ausnahmslos um Wärmedämmung und ähnliche Energiesparmaßnahmen handeln, also moderne Fenster, Dächer oder Heizungen, da der Bund Finanzhilfe nur für Zwecke gewähren kann, für die er Gesetzgebungsbefugnis hat. Schulen an sich sind aber Ländersache. In Frage kommt deshalb nur die energetische Sanierung, da für Umweltfragen der Bund zuständig ist. Wenn also schon Geld ausgegeben wird, dann bitte komplett ohne Abwrackprämie oder ähnliche Strohfeuer, sondern ausschließlich für derart weitsichtige Investitions- und Infrastrukturmaßnahmen.

Energieeffizienz gesetzlich regeln

Bereits im Mai 2008 hätte die deutsche Regierung entsprechend einer Richtlinie der EU-Kommission ein Energieeffizienzgesetz umsetzen müssen. Doch die große Koalition konnte sich nicht einigen. Inzwischen hat die EU-Kommission ein Verfahren wegen Vertragsverletzung eingeleitet. Das Gesetz gibt es trotz allem nicht. Dabei gehörte die Steigerung der Energieeffizienz eigentlich zu den zentralen klimapolitischen Zielen der großen Koalition. Offenbar konnten SPD und CDU keinen gemeinsamen Weg finden, wie dieses Ziel erreicht werden kann. Während das CDU-Wirtschaftsministerium auf das freie Spiel der Märkte und individuelles Engagement vertraut, will das SPD-geführte Umweltministerium Energielieferanten dazu verpflichten, die gelieferte Energiemenge pro Jahr um mindestens ein Prozent zu reduzieren – etwa dadurch, dass Stromkonzerne bei ihren Endkunden Effizienzprogramme durchführen. Genauso sollen nach dem Willen des Umweltministeriums Unternehmen dazu verpflichtet sein, Energiemanagementsysteme einzuführen, während der Wirtschaftsminister auf zwanglose Selbstverpflichtung setzt und lediglich versucht, den Markt für Energiedienstleistungen zu stimulieren.

Wie wir beim Thema Glühbirnen gesehen haben, braucht manche Effizienzmaßnahme aber ein klares Ver- oder Gebot.

Solange der Verbraucher die freie Wahl hat, entscheidet er sich – unvernünftigerweise – für seine alten teuren und klimaschädlichen Gewohnheiten. Dass sich Energieeffizienz lohnt, weiß die Wirtschaft schon lange. Es ist kein Zufall, dass die weltgrößte Industriemesse in Hannover in diesem Jahr unter dem Leitthema »Effizienzsteigerung in der Produktion« veranstaltet wurde. Aber offenbar brauchen die meisten Unternehmer Druck, um sich entsprechend zu verhalten.

Ein weiteres Beispiel dafür, dass die Aufteilung der energiepolitischen Kompetenz auf verschiedene Behörden die Bundesregierung handlungsunfähig macht. Energie ist aber für unsere Wirtschaft ein existenziell wichtiger Bereich. Es wird Zeit, dass diese unsinnige Kompetenzspaltung aufhört und ein eigenes Energieministerium entsteht. Ein Energieeffizienzgesetz gehörte dann zu dessen ersten zentralen Aufgaben!

Grenzübergreifend kooperieren

Früher haben die Unternehmen nur über die hohen Belastungen geklagt, wenn es um den Emissionsrechtehandel ging. Inzwischen fordern schon die Unternehmen selbst klare Regelungen. So geschehen etwa im Februar 2009, als sich vier große Airlines (Air France, British Airlines, Cathay Pacific und Virgin Atlantic) zusammentaten, um die Politiker aufzufordern, endlich die Emissionen von Flugzeugen bei den Nachfolgeverhandlungen für das Post-Kyoto-Protokoll zu berücksichtigen. Dahinter steckte zweierlei: Zum einen hat sich inzwischen auch bei den Verkehrsunternehmen die Erkenntnis durchgesetzt, dass man früher oder später nicht um Emissionsreduktionen herumkommt. Und so will man vielleicht durch ein offensives Angebot verhindern, bei der Kalkulation der CO_2-Emissionen für Flugzeuge einzurechnen, dass der CO_2-Ausstoß von Flugzeugen in über 10 000 Meter Flughöhe etwa doppelt so schädlich wie der von Autos am Erdboden wirkt – und logischerweise Airlines auch den doppelten Preis dafür bezahlen müssten.

Zum anderen will man in jedem Fall ausschließen, dass rund um den Globus Land für Land seine eigenen Emissionsregeln aufstellt und sich für die grenzüberschreitenden aktiven Fluggesellschaften ein komplexes Regelwerk aufbaut, welches in der Handhabung wesentlich teurer ist als ein weltweit einheitlicher CO_2-Preis.

Übrigens lässt sich Klimaschutz manchmal spielend leicht bewirken, einfach weil man Regelungen grenzübergreifend vereinheitlicht – ohne dass man dabei überhaupt ans Klima gedacht hat. So hat das Europäische Parlament im März 2009 den Luftraum über Europa neu organisiert und die bislang nationalen Luftraumblöcke grenzüberschreitend zusammengeschlossen. Bisher hatte es 650 Sektoren gegeben, die von 60 Kontrollzentren überwacht wurden. Da in den einzelnen Ländern unterschiedliche Vorschriften über Flughöhe oder anderes galten, mussten die Flugzeuge ihre Fluglinien von Abschnitt zu Abschnitt neu ausrichten. Das führte beispielsweise dazu, dass man die etwa 450 Kilometer von Zürich nach Düsseldorf nicht direkt fliegen konnte, sondern einen Umweg von 182 Kilometern in Kauf nehmen musste. Das bedeutete pro Flug 465 Kilogramm Treibstoffverbrauch und 1266 Kilogramm CO_2. Die Strecke wird pro Jahr etwa 4000-mal geflogen. Von Barcelona nach Frankfurt flog man 165 Kilometer Umweg, von München nach Paris 110 Kilometer – nur aufgrund unterschiedlicher Regelungen. Damit ist jetzt Schluss. Bis 2012 soll es nur noch neun grenzüberschreitende Luftraumblöcke geben. Dann wird zwar immer noch geflogen, aber wenigstens ohne bürokratisch erzwungene Umwege.

Klare (internationale) Regelungen finden

Nicht nur für den grenzüberschreitenden Verkehr sind nationenübergreifende Regelungen wichtig, sondern selbst für scheinbar nur regional aktive Branchen. Fast überall fehlt es an international einheitlichen Regelungen. Was nützen die besten Paragraphen, Verordnungen und Verwaltungsanweisungen für Klimaschutz, wenn schon zwischen Wuppertal und Bielefeld unterschiedliche Richtlinien gelten? Investoren scheuen den bürokratischen Aufwand und fürchten sich vor kurzfristigen Änderungen der Vorschriften, noch bevor sich die Investitionen amortisiert haben. Der Unternehmer verheddert sich im Klimaschutz-Paragraphengeflecht, und der einfache Bürger verirrt sich im Öko-Dschungel. Einheitliche Bestimmungen, klare Ampelsysteme und langfristig zuverlässige Rahmenbedingungen sind darum wichtigste politische Aufgabe im Klimaschutz.

Dass Deutschland zum Beispiel beim Energiepass für Gebäude statt eines klaren Benotungssystems wie bei Kühlschränken (Energieeffizienzklassen A–F) eine farbige Zahlenreihe mit Abkürzungen gewählt hat, stößt international auf Unverständnis und Kritik. Die EU-Kommission forderte deswegen im Januar 2009 eine Harmonisierung der Gebäudeausweise in Europa, und die Bundesregierung, die ihre Energieeinsparverordnung erst im April 2009 erlassen hat, ist bereits jetzt zu Nachbesserungen verpflichtet. Und die Immobilienbranche wartet mal wieder ab; wer will schon unter ungewissen rechtlichen Voraussetzungen Millionen investieren?!

Richtig sind deswegen Vorstöße der EU-Kommission, alle EU-Länder zu mehr Energieeffizienz und vor allem zu einheitlichen Regelungen zu zwingen. So müssen etwa ab 2010 auch die Netzteile von Handys, MP3-Playern und anderen Geräten strenge Auflagen erfüllen. Die unauffälligen Stromverschwender sollen dadurch ein Drittel weniger Energie verbrauchen, nämlich neun Terawattstunden pro Jahr – das entspricht etwa dem Gesamtenergieverbrauch eines Jahres von ganz Litauen.

Aufgabe V: Infrastruktur ausbauen

Gaspipelines und LNG-Terminals bauen

Wir sollten nicht zu abhängig von einem Energielieferanten sein, sondern vielmehr aus möglichst vielen Ländern Gas beziehen – der letzte Gasstreit zwischen Russland und der Ukraine sollte ja vor allem Werbung für die Ostseepipeline machen. Diese Strategie ist leider nicht ganz aufgegangen, denn Russland selbst hat seine Rolle als verlässlicher Energielieferant eingebüßt. Zumal sich die Abhängigkeit von russischen Energielieferungen durch die Ostseepipeline noch erhöht, weil in der Zukunft norwegisches und niederländisches Gas mehr und mehr zur Neige geht.

Um unsere Energieimporte diversifizieren zu können, brauchen wir alternative Pipelinerouten etwa durch Südosteuropa wie die »Nabucco«-Pipeline, die Gas aus dem kasachischen Raum und aus Katar zu uns bringen kann. Sicherlich ist der Iran auch nicht gerade ein Wunschlieferant; aber immerhin hat der Iran genau wie Russland ein Interesse an sicheren Energieabnehmern und hohen Energiepreisen. Der Bau entsprechender Pipelines muss möglichst schnell umgesetzt werden.

Genauso wichtig sind aber auch andere Lieferoptionen, zum Beispiel per Schiff, um Gas genau wie Öl flexibel nach Europa transportieren zu können. Dafür muss man einerseits in den Gasförderländern in die notwendigen Technologien zur Gasverflüssigung investieren, um so das »liquid natural gas« (LNG) per Tankschiff nach Europa bringen zu können. Andererseits müssten auch hierzulande entsprechende Anlieferungsstätten eingerichtet werden, also LNG-Terminals, in denen das Flüssiggas gelagert werden kann, so dass die Versorgung mit diesem Brennstoff sichergestellt ist.

Speicher und Pipelines für CCS bauen

Forscher in aller Welt arbeiten auf Hochtouren an diversen Technologien, um das ausgestoßene CO_2 aus Kohlekraftwerken aufzufangen oder »abzuzweigen«, zu speichern oder sogar weiterzuverarbeiten. Es gibt inzwischen erste Techniken zur CO_2-Abscheidung und -Speicherung, die sogenannten Carbon-Capture-and-Sequestration-(CCS-)Verfahren. Allerdings müsste man dann das CO_2 nicht nur abfangen und verflüssigen, sondern durch eine mehrere hundert Kilometer lange Pipeline quer durch Deutschland zu geeigneten Lagerstätten bringen. Mögliche Lagerstätten gibt es auf Sylt, an der Nordseeküste und im südlichen Kreis Ostholsteins bis Lübeck, wo sich ausreichend unterirdische Hohlräume befinden, die das verflüssigte Gas aufnehmen könnten. Doch bislang sind weder

Lagerstätten noch Pipelines genehmigt. Zwar hat man nach langen Auseinandersetzungen endlich ein bundesdeutsches Gesetz zur Einlagerung von CO_2-Emissionen auf den Weg gebracht, aber sofort nach der politischen Einigung meldeten sich weitere Interessenten an dem unterirdischen Raum: Betreiber von Geothermieanlagen wollen die Fläche für die Bohrungen zwecks Energiegewinnung freihalten. Wir werden also eine Art »Flächennutzungsplan« einrichten müssen, damit schnell Klarheit herrscht. Es mehren sich jedoch die Stimmen gegen CCS an sich; viele Naturschutzverbände, aber auch der Sachverständigenrat für Umweltfragen haben gegen das Gesetz protestiert. Es ist also mit heftigen Bürgerprotesten und langwierigen juristischen Auseinandersetzungen zu rechnen.

Entwicklung neuer Energiespeicher fördern

Energiespeicher gibt es zahlreiche. Öl lagern wir in Fässern, Gas in riesigen Tanks; problematisch wird die Speicherung von elektrischer Energie. Denn obgleich jedes Kind eine Batterie kennt, in Wahrheit ist darin keine elektrische Energie gespeichert, sondern chemische, die durch eine elektrochemische Reaktion erst in elektrische Energie umgewandelt werden muss. Das Problem: Bei der Umwandlung geht ein Großteil der Energie verloren. Deswegen ist es am besten, die Stromproduktion und den Stromverbrauch unmittelbar aneinanderzukoppeln. Doch nur wenige Energiequellen lassen sich so punktgenau den Bedürfnissen der Menschen entsprechend nutzen. Das trifft vor allem die erneuerbaren Energien. Der Wind bläst, wie und wann er will, und die Sonne scheint immer dann, wenn wir kein Licht brauchen, und umgekehrt. Um die Schwankungen in der Stromerzeugung auszugleichen und eine Versorgungssicherheit zu gewährleisten, brauchen wir also dringend Energiespeicher. Die können groß sein, wenn es um die Versorgung von Städten geht; die müssen klein sein, wenn sie in Verbindung mit Mobilität eingesetzt werden sollen.

Hier besteht noch immenser Forschungsbedarf – oder anders gesagt: Wer einen brauchbaren Energiespeicher (er)findet, wird damit in die Geschichte eingehen! Denn solange es keine brauchbaren Energiespeicher gibt, wird die viel gepriesene Elektromobilität nicht den hohen Ansprüchen der an Benzinmotoren gewöhnten Gesellschaft genügen. Welcher Reisende will schon alle hundert Kilometer acht Stunden Pause machen, damit die Batterie wieder aufgeladen werden kann?! Hier gibt es erste Ideen, dass man an Tankstellen einfach die ganze Batterie austauscht. Das dauert dann fünf Minuten, und weiter geht's! Kein Wunder also, dass Experten ein großes Geschäft mit den Akkus für E-Autos prophezeien. Daimler sicherte sich bereits eine 49-prozentige Beteiligung am sächsischen Unternehmen Li-Tec, das zum Evonik-Konzern gehört. Lithium-Ionen-Akkus für die E-Smarts liefert Tesla Motors, ein für seine Elektro-Sportwagen bekannter kalifornischer Hersteller. Volkswagen verbündete sich mit dem japanischen Akkuhersteller Sanyo. Und so weiter.

Mit einem Risikokapital von 200 Millionen Dollar ist die Firma Better Place ausgestattet. Ihre Geschäftsidee: das ganze Land mit Lade- und Batteriewechselstationen überziehen, an denen nur die Better-Place-Autos »tanken« dürfen. Abgerechnet wird wie beim Handy nach Verbrauch – nur eben nicht nach Minuten, sondern nach Kilometern. Die Regierungen von Israel und Hawaii unterstützen Better Place bereits; sie erhoffen sich dadurch langfristig eine Befreiung von der teuren Ölabhängigkeit. Aber auch in Dänemark will man in einem Pilotprojekt die Praxistauglichkeit testen. Schön wäre es, wenn es klappen würde und man somit langfristig auf drei Ebenen zum Erfolg kommen könnte: erneuerbare Energien flächendeckend einsetzen, Energie speichern und damit die Schwankungen erneuerbarer Energien ausgleichen und die Mobilität aufrechterhalten.

Kraft-Wärme-Kopplung ausbauen

Eine andere Art von Verschwendung findet derzeit noch in großem Stil in Kraftwerken statt, weil sie bei der Produktion entstehende Abwärme ungenutzt an die Umgebung abgeben. Das Prinzip kennen wir aus dem Alltag, wenn wir uns an der leuchtenden Glühbirne die Finger verbrennen. Hier wird die Energie nicht vollständig in Licht umgewandelt, sondern geht zum Teil als Wärme verloren. Übrigens der Hauptgrund, warum die herkömmliche Glühbirne demnächst verboten sein wird. In großen Kraftwerken, wie sie die Industrie für ihre Produktionsanlagen benötigt, passiert dasselbe – nebenbei wird die Welt geheizt. Diese Abwärme zu nutzen nennt man Kraft-Wärme-Kopplung (KWK). KWK-Anlagen erzeugen gleichzeitig Strom und Wärme und nutzen damit bis zu 90 Prozent der eingesetzten Energie. Mittlerweile gibt es nicht nur Großanlagen, die an Industriekraftwerke gekoppelt sind und via Fernwärmenetz Energie in die Haushalte einspeisen können, sondern auch Mikro-Anlagen, die in Einfamilienhäusern zum Einsatz kommen. Seit 2002 existiert in Deutschland das Kraft-Wärme-Kopplungsgesetz, das den Betrieb von KWK-Anlagen fördert. Ziel ist, den Anteil der KWK an der

Stromerzeugung bis 2020 auf 25 Prozent zu erhöhen. Hierfür bedarf es aber noch vieler Arbeit – und die Politik wird sich weiterhin fragen lassen müssen, ob die gesetzlichen Regelungen ausreichend sind, um der KWK zu einem Durchbruch zu verhelfen.

Netzinfrastruktur ausbauen

In Deutschland macht es zunächst Sinn, eine Netzgesellschaft zu gründen. Hier muss nämlich die Netzinfrastruktur deutlich verbessert werden, zum einen, um den erhöhten Anteil erneuerbarer Energien zur Stromherstellung einzubinden, und zum anderen, um den Handel zwischen den europäischen Ländern zu verbessern und Engpässe künftig zu verhindern. Aufgrund des erhöhten Anteils erneuerbarer Energien wird die Stromerzeugung dezentraler, da sich die Erzeugungszentren verschieben. Um die erneuerbaren Energien zu integrieren, werden neue Stromleitungen benötigt. Zudem ist der Netzausbau unverzichtbar, um den Wettbewerb auf dem Strommarkt zu verbessern. Es sollten möglichst viele Anbieter Strom einspeisen bzw. neue Kraftwerke ans Netz angeschlossen werden können – Engpässe müssen beseitigt werden. Eine einheitliche deutsche Netzinfrastruktur kann somit den Wettbewerb stärken, Synergieeffekte erschließen und den europäischen Energiehandel verbessern. Zudem werden Kosten durch die Verminderung der notwendigen Bereitstellung von Regelenergie gespart.

Vor allem dürfen wir keine Zeit mehr verlieren, sonst gehen uns in absehbarer Zeit die Lichter aus: Kraftwerke müssen bald ersetzt werden – derzeit werden allerdings sehr viele Projekte mehr oder weniger blockiert –, und es gibt nicht genügend Infrastruktur, um die benötigte Menge Energie zum Ausgleich aus anderen Ländern zu importieren. Schön wäre es gewesen, wenn die vielen Gelder für die Unternehmenskäufe – insgesamt über 30 Milliarden Euro! – in den Ausbau der Netze und in innovative Energietechniken und neue Kraftwerke geflossen wären! Die Verbraucher entlastet das Energie-Monopoly erst einmal gar nicht – im Gegenteil: Durch die Unternehmenskäufe werden die dringenden Investitionen in neue Kraftwerke, den Ausbau erneuerbarer Energien und die Herstellung CO_2-freier, sicherer und bezahlbarer Energie und in die Netze erst einmal verschoben – und die Energiepreise werden steigen.

An den Klimawandel anpassen

Der Klimawandel geht zwar schleichend voran, aber er geht voran. Zwar reagiert das Klima mit einer Zeitverzögerung – die Folgen dessen, was wir heute tun, werden erst in 50 Jahren sichtbar –, aber das, was wir in den vergangenen 50 Jahren getan haben, ist schon heute sichtbar. Deswegen ist es unerlässlich, dass wir sofort mit Klimaschutzmaßnahmen beginnen, selbst wenn es uns nicht gelingt, kurzfristig den CO_2-Ausstoß signifikant zu reduzieren. Der Meeresspiegel steigt bereits heute, Extremwetterereignisse nehmen schon jetzt zu – sowohl was ihre Häufigkeit, aber auch was ihre Intensität angeht. Und manche Schutzmaßnahme ist nicht über Nacht erledigt: Der Neubau oder die Erhöhung von Deichen, der Ausbau von Wasserspeichern in trockenen Regionen, der Schutz von Häusern gegen Umweltschäden und Unwetter – das alles braucht seine Zeit. Wir können nicht früh genug damit beginnen. Und das bedeutet übrigens nicht nur direkt vor unserer Tür. Denn auch die fehlenden Deiche in Bangladesch werden uns spätestens dann zu schaffen machen, wenn Millionen von Menschen vor den Folgen des Klimawandels die Flucht ergreifen.

Weitere Infrastrukturmaßnahmen ergreifen

Ohne Frage brauchen wir in Deutschland oder in Europa nicht dieselben Infrastrukturmaßnahmen wie in China oder Indien, wo man ja vielerorts überhaupt erst mal Schienentrassen oder Stromleitungen legen muss. Trotzdem sind wir längst nicht optimal ausgestattet: Die Technik entwickelt sich permanent weiter. In den Niederlanden beispielsweise tauschen Investoren im großen Stil alte Windräder gegen leistungsstärkere neue aus. In Deutschland drehen sich immer noch die Windräder der ersten Generationen. Dadurch geht wertvolle Energie verloren. »Repowering« nennen Fachleute den Austausch der alten Räder gegen moderne, der mehr ist als technikverliebter Schnickschnack. Ärgerlicherweise laufen nämlich ausgerechnet an den windreichsten Standorten, wo man eben deswegen schon früh Windkraftanlagen errichtet hat, die ältesten Windräder. Derselbe Wind, derselbe Standort – nur eben moderne Technik. Mancherorts ließe sich der Ertrag durch Repowering auf das Sechsfache steigern.

Kommunikation statt Verkehr heißt die energiesparende Variante von Mobilität im Zeitalter der Globalisierung. Auch Kanzlerin Merkel hat schon per Videokonferenz mit Präsident Obama konferiert. Eine prima Sache, die allerdings voraussetzt, dass die technischen Möglichkeiten für virtuelle Geschäftsbeziehungen bestehen. Und das heißt: Breitbandnetze.

Doch immer noch sind nach Angaben des Branchenverbandes BITKOM gut 25 Prozent der Deutschen vom Datennetz abgeschnitten. Ländliche Gebiete und Randlagen von Städten sollten durch den Ausbau von Glasfaser-Breitbandnetzen für eine umfassende Internetnutzung erschlossen werden.

Infrastrukturmaßnahmen müssen auch die Verkehrspolitik betreffen. Wenn in Zeiten des Wahlkampfes Parteien versuchen, durch die Wiedereinführung der alten Pendlerpauschale Stimmen zu gewinnen, dann tun sie das auf Kosten der kommenden Generationen. Denn nichts ist derzeit weniger zeitgemäß als die staatliche Förderung des Individualverkehrs auf Basis fossiler Energien. Notwendig ist vielmehr der Ausbau des öffentlichen Personennahverkehrs. Und statt durch die – klugerweise abgeschaffte – Eigenheimzulage den Wegzug der Menschen aus den Metropolen ins städtische Umland und damit die Zersiedlung von Landschaften zu fördern, sollte man besser die energetische Sanierung von Altbauten in der Stadt und den Ausbau von Straßenbahn- und U-Bahn-Linien fördern. Das fördert nicht nur die heimische Bauwirtschaft, sondern spart langfristig jede Menge CO_2.

Aufgabe VI: Forschung und Entwicklung stärken

In CCS-Forschung investieren

Auf die Dauer kann es nur darum gehen, neue Energietechniken zu erforschen und an den Markt zu bringen; kurzfristig muss es uns gelingen, die Kohlekraftwerke CO_2-ärmer zu machen. Gemeint ist die sogenannte CO_2-Abscheidung und -Einlagerung – eine Technik, die noch ausreichend er-

forscht werden muss; denn es ist weder klar, welche Effizienz-
verluste auftreten, noch, ob und wie lange CO_2 überhaupt in
der Lagerstätte verbleibt. Doch Lagerung von CO_2 allein ge-
nügt nicht. Auf die Dauer muss man Lösungen finden, die
darüber hinausgehen. Ziel muss es langfristig sein, das CO_2
nutzbar zu machen. Ideen gäbe es genug: Eine dieser Ideen ist,
das abgezweigte CO_2 in ausgeschöpfte Ölfelder zu pumpen,
um quasi per Luftdruck die letzten, bislang nicht zu fördern-
den Ölreserven aus diesen Feldern herauszupressen. Eine andere Idee ist die chemische Umwandlung in Kalk, den man
dann eventuell sogar nutzen könnte, um durch andere Um-
weltbelastungen versauerte Gewässer wieder zu neutralisie-
ren und für Fisch und Mensch nutzbar zu machen. Doch wie
gesagt: Das sind alles nur Ideen, und es wird viel Zeit und
noch mehr Geld brauchen, eine dieser Ideen so weit ausreifen
zu lassen, dass sie in großem Stil anwendbar ist.

Alternative Antriebsstoffe entwickeln

Wichtig wäre es, nachhaltige Mobilitätskonzepte zu fördern – mittels der Festlegung von Abgasnormen (wie sie
selbst US-Präsident Obama nun durchsetzt), der Verbesserung des ÖPNV und Schienenverkehrs und mehr Geldes für
die Erforschung alternativer Antriebsstoffe. Elektromobilität
wäre ja nur eine Idee. Futuristisch mutet da schon der Groß-
einsatz von Algen zur Treibstoffherstellung – auch für den
Flugbetrieb – an. Ob sich das durchsetzt, wird man sehen.
Auf jeden Fall gibt es noch eine Menge zu entdecken, auszu-
probieren und zu erforschen. Wir benötigen innovative und
CO_2-arme Antriebsstoffe – wenn wir der Autobranche wirklich helfen wollen, dann geben wir besser das Geld für die

DIE HAUSAUFGABEN

Erforschung solcher Techniken aus und minimieren die finanziellen Risiken einer Markteinführung ebensolcher Techniken – anstelle einer wahllosen Zahlung irgendwelcher finanziellen Beiträge für marode Unternehmen.

Ausgerechnet die Ölscheichs machen es uns vor. Offenbar haben sie eine Ahnung, wie sie weiterhin reich bleiben können: Sie setzen auf neue Antriebsstoffe »weg vom Öl«! Abu Dhabi, Dubai und andere Golfstaaten bereiten sich auf die Nach-Öl-Zeit vor und wollen den Weg »vom Öl zur Sonne« nun aktiv gehen. Auf den ersten Blick wirkten die Fotos vom Zusammentreffen des deutschen Daimler-Chefs und des Vertreters der arabischen Investmentfirma im Frühjahr 2009 dann doch: Abu Dhabi sei interessiert an CO_2-freien Antriebsstoffen und an der CO_2-freien Mobilität, war zunächst gerüchteweise zu hören. Dann war es offiziell: Die Investmentgesellschaft des Emirats Abu Dhabi steigt mit 9,1 Prozent bei Daimler ein – und wird damit größter Einzelaktionär des deutschen Autobauers. Der Deal bringt dem durch die Branchenkrise gebeutelten Konzern rund 2 Milliarden Euro. Private Investoren sind Gold wert in diesen schweren Zeiten.

Die arabischen Länder haben noch genügend Kapital und wollen es nun schlauerweise gewinnbringend anlegen – in Sonne statt Öl. Das ist auf jeden Fall der richtige Weg aus der Krise. Und viel besser als die Abwrackprämie. Die Autobranche hat diesen Trend lange verschlafen und auf falsche Modelle gesetzt. Heute müssen die Scheichs aus fernen Ländern die deutschen Automobilhersteller aufrütteln.

Methan als Energiequelle nutzbar machen

Etwa 500 Meter tief unter dem Meeresspiegel lagert auf dem Meeresboden ein brennbares Eis, Methanhydrat. Schmilzt Methanhydrat, werden aus einem Liter Eis bis zu 163 Liter Gas freigesetzt. Bei geschätzten 12 Trillionen Tonnen Methanhydrat ist dort mehr als doppelt so viel Kohlenstoff gebunden wie in allen Erdöl-, Erdgas- und Kohlevorräten der Welt. Klimaforscher fürchten, dass beim Abbau dieses Gases gewisse Mengen an Methan direkt in die Atmosphäre gelangen. Das wäre fatal, denn Methan wirkt als Treibhausgas etwa 30-mal stärker als CO_2. Auf der anderen Seite weckt das große Vorkommen von Methanhydrat die Hoffnung, man könne das Gas als Energiequelle der Zukunft nutzbar machen. Schon spricht man vom »weißen Gold«. Doch bislang steckt die Forschung zur Nutzung von Methaneis noch in den Kinderschuhen. Hier gäbe es also noch reichlich zu tun. Und man sollte nicht zu lange warten, denn das Abtauen des Permafrostbodens führt dazu, dass Methan schneller freigesetzt werden kann. Das muss dringend verhindert werden.

Techniken zur Emissionsminderung entwickeln

Eine ausgereifte Technik zur Nutzung von Methan kann übrigens nicht nur für die riesigen Mengen Methaneis am Boden unserer Weltmeere, sondern auch bei herkömmlichen Kohlekraftwerken eingesetzt werden. Bei der Entstehung von Kohle bildet sich nämlich auch Methan, das bislang beim Kohleabbau ungenutzt an die Umwelt abgegeben wird. In Australien wurde kürzlich ein erstes Abluft-Methan-Kraftwerk in Betrieb genommen.

Eine vergleichbare Methode zur Nutzung von Methan

wäre noch zu entwickeln, die in der Rinderzucht zum Einsatz kommen könnte. Eine einzige Kuh erzeugt durch gewaltige Blähungen infolge von Vergärung im Pansen etwa 200 bis 300 Liter Methan pro Tag, mehr als 100 Kilogramm pro Jahr. Bislang hat die Rinderzucht nur negative Folgen für das Klima, wirkt Methan doch als Treibhausgas, wie oben schon gesagt, etwa 30-mal stärker als CO_2. Gelänge es, Methan als Energieträger nutzbar zu machen, könnte man die Klimabelastung reduzieren – im doppelten Sinne. Man würde den Schaden reduzieren und gleichzeitig eine alternative Energie nutzen. Im Laufe eines Jahres produziert eine Kuh nämlich einen Heizwert von über 3000 kWh, womit man eine vierköpfige Familie einen ganzen Monat mit warmem Wasser und Wärme versorgen könnte. Fast 13 Millionen Rinder gibt es in Deutschland – das würde reichen, um alle Privathaushalte von Berlin ein ganzes Jahr lang zu versorgen. In Europa werden schätzungsweise 147 Millionen Rinder gehalten, und weltweit sind es 1,3 Milliarden. Der steigende Fleischkonsum lässt diese Zahl kontinuierlich und besorgniserregend steigen. Wenn es nicht gelingt, die fatalen Ernährungsgewohnheiten zu ändern, dann sollte man wenigstens versuchen, die schädlichen Nebenwirkungen der Rinderzucht zu reduzieren.

Energiespartechniken entwickeln

Energiespartechniken gibt es viele, aber immer noch nicht genug. Das Spektrum ist breit. Es geht los mit der Start-Stopp-Automatik beim Pkw, die dafür sorgt, dass in den Momenten, wo das Auto nicht wirklich fährt – an der Ampel, im Stau, bei der Parkplatzsuche –, der Motor kurzzeitig abgeschaltet wird. Es geht weiter mit Spezial- und Funktionstüren, die sich so öffnen und schließen, dass dabei möglichst wenig Wärme (oder im Sommer Kühle) aus dem Gebäude austritt. Und es hört noch nicht auf mit sensiblen Lichtanlagen, die sich automatisch ausschalten, sobald das Licht nicht mehr benötigt wird. Hier darf geforscht und entwickelt werden, was die klugen Köpfe so hergeben. Der Markt für anwendbare Produkte ist sicher da!

Alternativen zum Rohstoff Öl (Chemiebranche) finden

Das Ende vom Öl trifft nicht nur unsere Mobilität und unsere Wärmeversorgung. Öl spielt auch in anderen Bereichen unserer Wirtschaft eine wichtige Rolle, etwa als Rohstoff der chemischen Industrie zur Herstellung von Kunststoffen. So wird man angesichts steigender Rohstoffpreise auch mit steigenden Kunststoffpreisen rechnen müssen und so weit wie möglich Kunststoffe durch Produkte aus Metall oder Holz ersetzen. Das wird allerdings nur in sehr begrenztem Umfang möglich sein, da Kunststoffe in den letzten Jahrzehnten einen sehr großen Anwendungsbereich gefunden haben. Schließlich sind sie universell einsetzbar und können zielgenau angepasst werden. Langfristig kann es sinnvoll oder sogar notwendig sein, Öl durch andere Rohstoffe, neue Substanzen oder biologische Produkte zu ersetzen. Vermutlich geht mit dem Zeitalter des Öls auch das Zeitalter der Kunststoffe zu Ende.

Klimaschutzpatente sichern

Das fehlende Engagement für Klimaschutz spiegelt sich auch in der Zahl der Patentanmeldungen wider: Zwar ist Deutschland weiterhin erfinderisch, auch in Bereichen der Umweltschutztechnologien, aber statt 34 Prozent wie Mitte der 1980 Jahre sind es jetzt nur noch 23 Prozent aller Patente, die aus Deutschland kommen. Gerade im klimarelevanten Bereich der stark expandierenden erneuerbaren Energien und der rationellen Energienutzung warten neben Deutschland mal wieder Japan, Österreich und Dänemark mit ausgesprochen guten Zahlen auf – und das inklusive aller Brennstoffzellentechnologie, die traditionell ein deutsches Forscher-Steckenpferd ist. Klar ist: Auch alle anderen Nationen forschen nicht für den Eigenbedarf, sondern sind seit Mitte der 1990er Jahre stark an den Ansprüchen der internationalen (Export-) Märkte ausgerichtet. Wenn wir Deutschen also auf die wachsenden Märkte in Asien und Südamerika hoffen, dann sind wir damit nicht allein.

Schlusswort

Nach der Krise ist vor der Krise. Sagen die einen und schauen darauf so achtlos wie auf ein Fußballspiel. Aber ökonomisch betrachtet werden wir keine weitere Krise überleben können. Daher müssen wir uns umstellen – und das so schnell wie möglich.

Es darf nicht vergessen werden, dass diejenigen Unternehmen, die sich schon heute auf das Energiesparen konzentrieren und in die neuen Klimaschutzmärkte hineingehen, die Nase vorn haben werden. Völlig zu Recht fordert man derzeit, dass die Unternehmensmanager nicht immer nur nach den sehr kurzfristigen Renditen bewertet werden sollen und auch noch belohnt werden, wenn sie die Unternehmen völlig herabgewirtschaftet haben. Denn in der Tat sollten die Unternehmen nach ihren mittel- bis langfristigen Unternehmenszielen bewertet werden. Unternehmen ohne klare Perspektiven wären somit die Verlierer. Die derzeitige Finanzkrise macht deutlich, was passiert, wenn eben gerade nicht mittel- bis langfristig verlässliche Ziele verfolgt werden, sondern ausschließlich auf den kurzfristigen Erfolg des Unternehmens gesetzt wird.

Dies gilt auch für den Klimaschutz: Die Umstellung auf CO_2-freie Energie wird ohnehin notwendig sein. Die Unternehmen, die dies sehen und umsetzen, werden fast zwangsläufig Wettbewerbsführer werden. Aus der Finanzkrise können wir für den Klimaschutz lernen: Kurzsichtigkeit kann mehr belasten als vorausschauendes, behutsames Handeln.

Bei der Umstellung auf klimaschonende Produkte und Energien darf es kein derartiges Debakel geben, wie wir es gerade in der Finanzwelt erleben. Nur wenn wir möglichst frühzeitig auf alternative Energien und Produkte umstellen, lassen sich die Kosten gering halten. Das Warten auf den Kollaps kann teuer werden – das lehrt uns die Finanzkrise. Die derzeitige Finanzkrise wird aber sicherlich nicht dazu führen, dass der Klimaschutz völlig ins Hintertreffen gerät, auch wenn manche die aktuellen Entwicklungen im Moment so interpretieren. Die EU-Klimaschutzziele werden umgesetzt werden, die Frage ist nur, welches Land welchen Beitrag dazu leistet. Die Finanzkrise wird überwunden werden, die Klimaproblematik steht uns noch bevor – es darf jedoch keine Klimakrise werden.

Schon seit längerem werden Unternehmen an ihren mittel- bis langfristigen Zielen und dem nachhaltigen Umgang mit Energie und der Umwelt gemessen. Neben direktem Klimaschutz werden Unternehmen auch nach ihrer sozialen Verantwortung und ethischen Unternehmensführung bewertet. Unternehmen, die sich gezielt in den Klimaschutzmarkt hineinbewegen oder zumindest deutlich machen, wie sie die zentralen Herausforderungen des Klimaschutzes und des nachhaltigen Umgangs mit Energie und Rohstoffen bewerkstelligen wollen, werden ohnehin marktwirtschaftlich die Nase vorn haben. Aber auch immer mehr Rankings durchleuchten die Unternehmen für Kapitalgeber danach, ob sie sich gemäß den mittelfristigen Anforderungen aufstellen. Unternehmen, die sich zentral der Herausforderung stellen und ihre Unternehmensziele transparent und nachvollziehbar machen können, werden gerade nach dieser harten Finanzkrise noch attrakti-

SCHLUSSWORT

ver werden. Denn Kapitalgeber werden besonders nach dieser negativen Erfahrung an den Finanzmärkten noch genauer hinschauen, wo ihr Geld hinfließt.

Obwohl die aktuelle Wirtschaftslage als sehr misslich eingestuft werden kann, hat sie doch ein Gutes: Nach dieser Krise wird niemand mehr lautstark nach der Notwendigkeit staatlicher Interventionen fragen und lautstark die Kosten in Frage stellen. Was sind 7 Milliarden Euro in Deutschland für die Förderung erneuerbarer Energien – mit denen bisher 280 000 Arbeitsplätze geschaffen wurden – gegen 250 Milliarden Euro, die nun den deutschen Steuerzahlern zur Sicherung der Banken abverlangt werden? Was sind 7 Milliarden Euro gegen die 19 Milliarden Euro, die Deutschland allein im ersten Halbjahr 2008 für die Erhöhung der Preise fossiler Energien zahlen musste?

Die Finanzmarktkrise hat deutlich gemacht, dass staatliche Intervention sinnvoll sein kann – ja dass der Staat manchmal eingreifen muss, nämlich genau dann, wenn die Märkte sich selbst nicht mehr heilen. Beim Klimaschutz und bei der Energieversorgung darf man es nicht so weit kommen lassen, dass das Wirtschaftssystem kollabiert. Ein Kollaps aufgrund exorbitanter Klimaschäden oder Kosten für fossile Energien muss verhindert werden.

Aus diesem Grund glaube ich, dass man aus dieser Krise eines lernen kann: dass der Markt sich nicht immer selbst heilt und der Staat genau dann eingreifen muss, wenn ein Marktversagen sichtbar wird. Diejenigen, die vor der Krise lautstark den Markt gefordert haben, der bei hohen Ölpreisen quasi automatisch mal eben schnell Alternativen hervorbrächte und dass die Kosten des Klimaschutzes schon leicht bezahlt werden könnten, werden es zumindest schwerer haben, sich Gehör zu verschaffen. Deswegen kann man heute einmal mehr warnen, dass die Gesellschaft nicht erst auf die Krise und den Kollaps warten soll, bevor sie reagiert. Aus der Finanzkrise haben wir gelernt, dass das am Ende sehr teuer werden kann. Richtig teuer wird es auch, wenn wir auf exorbitant hohe Ölpreise warten und nicht rechtzeitig auf eine CO_2-freie, sichere und bezahlbare Energie umstellen.

Nur in Krisenfällen schaffen wir es scheinbar, uns endlich um die wichtigen Belange zu kümmern. Wenn wir klug sind, nutzen wir die aktuelle Krise für einen Aufbruch zu einem neuen Weltwirtschaftsmodell, ob man nun von »Green New Deal«, »Konjunkturpaketen« oder einer anderen Klimazukunft spricht. Wichtig ist, dass wir all unser Wissen nutzen, um stärker aus der Krise herauszukommen, in die wir schwächer hineingeraten sind. Die aktuelle Krise ist eine große Chance, vielleicht unsere letzte.

Drei Krisen mit einer Klappe
To-do-Zettel

Aufgabe I: Märkte regulieren   *erledigt?*

Politische Verantwortung übernehmen .... ☐

Emissionshandel konsequent umsetzen .... ☐

Gold-Standard bei Emissionszertifikaten einführen ..... ☐

Einnahmen aus dem Emissionshandel für den
    Klimaschutz nutzen .... ☐

Öko-Siegel für »Grüne Fonds« schaffen .... ☐

Emissionsabhängige Kfz-Steuer erheben .... ☐

Aufgabe II: »Grüne Märkte« unterstützen

Klimabewusst konsumieren .... ☐

Klimabewusst produzieren .... ☐

Klimaschutz finanziell entlasten .... ☐

Global denken und global verhandeln .... ☐

Klimaneutral leben .... ☐

Aufgabe III: Für Energiesicherheit sorgen

Energieministerium schaffen .... ☐

Gasversorgung sichern .... ☐

Von fossilen Energien verabschieden .... ☐

Erneuerbare Energien und alternative Kraftstoffe
    fördern .... ☐

Atomenergie langfristig aufgeben .... ☐

Aufgabe IV: Energieeffizienz steigern

Investitionshilfen für energetische Sanierung leisten ..... ☐

Transparenz bei Energieverbrauch herstellen .... ☐

Energieeffizienz gesetzlich regeln .... ☐
Grenzübergreifend kooperieren .... ☐
Klare (internationale) Regelungen finden .... ☐

Aufgabe V: Infrastruktur ausbauen

Gaspipelines und LNG-Terminals bauen .... ☐
Speicher und Pipelines für CCS bauen .... ☐
Entwicklung neuer Energiespeicher fördern .... ☐
Kraft-Wärme-Kopplung ausbauen .... ☐
Netzinfrastruktur ausbauen .... ☐
An den Klimawandel anpassen .... ☐
Weitere Infrastrukturmaßnahmen ergreifen .... ☐

Aufgabe VI: Forschung und Entwicklung stärken

In CCS-Forschung investieren .... ☐
Alternative Antriebsstoffe entwickeln .... ☐
Methan als Energiequelle nutzbar machen .... ☐
Techniken zur Emissionsminderung entwickeln .... ☐
Energiespartechniken entwickeln .... ☐
Alternativen zum Rohstoff Öl (Chemiebranche)
    finden .... ☐
Klimaschutzpatente sichern .... ☐

Über die Autorin

Claudia Kemfert ist Professorin für Energie-
ökonomie und Nachhaltigkeit an der privaten
Elite-Universität Hertie School of Governance,
in Berlin und leitet die Abteilung für Energie,
Umwelt und Verkehr am Deutschen Institut
für Wirtschaftsforschung (DIW Berlin). Sie
ist Wirtschaftsexpertin auf den Gebieten
Energieforschung und Klimaschutz. Die Energieexpertin berät
unter anderem den EU-Kommissionspräsidenten Barroso, die
Weltbank sowie die Vereinten Nationen und ist offizielle Gutach-
terin des Intergovernmental Panel of Climate Change (IPPC),
das 2007 mit dem Friedensnobelpreis ausgezeichnet wurde. Sie
ist Preisträgerin des DAAD und wurde im Jahr 2006 als Spitzen-
forscherin im Rahmen der Elf der Wissenschaft von der DFG, der
Helmholtz- und der Leibniz-Gesellschaft ausgezeichnet.
Siehe *www.claudiakemfert.de*

Franz Josef Radermacher & Bert Beyers

Welt mit Zukunft

Überleben im 21. Jahrhundert

224 Seiten, ISBN 978-3-938017-86-9

Die Erde ist unter Stress, der Druck auf die Ökosysteme gewaltig. Durch eine exponentielle Bevölkerungszunahme und die weltweite Verbreitung des westlichen Wirtschafts- und Lebensmodells werden lebensnotwendige Rohstoffe immer knapper. Das Biotop des Menschen droht zu kollabieren. Ein »Weiter so!« führt unausweichlich zum Kollaps.

Wie Stephen Hawking mag man davon ausgehen, dass die Menschen ihren Heimatplaneten über kurz oder lang verlassen werden. Franz Josef Radermacher und Bert Beyers sehen diese Option – aber auch andere. Sie plädieren für Maßnahmen, die trotz aller berechtigten Skepsis Hoffnung auf eine Zukunft des Menschen auf diesem Planeten machen.

»Das Buch bietet nicht nur eine pointierte Analyse der globalen Problematik, sondern auch handfeste Lösungen, ohne dabei in Anti-Globalisierungs-Aktionismus zu verfallen.«
Rheinischer Merkur

»Man mag Radermacher angesichts des ständig wachsenden Machtwillens der Raffzähne Naivität vorwerfen. Aber vielleicht hat ja gerade sein Wort dort Gewicht, wo Argumente sonst nichts mehr wert sind.« *Stuttgarter Zeitung*

»Franz Josef Radermacher verkörpert das Attac der Bürgerlichen. Wenn er auftritt, ist ihm mehrfacher donnernder Applaus sicher.« *Der Tagesspiegel*

MURMANN

Claudia Kemfert
Die andere Klima-Zukunft
Innovation statt Depression

264 Seiten, ISBN 978-3-86774-047-0

Ökoveteranen predigen Verzicht, Intellektuelle spotten über die Hysterie, und Politiker streiten um Grenzwerte. Die Klima-Positionen sind fest bezogen. Mit ihrem fundamentalen Buch durchbricht Claudia Kemfert die Diskussionsstarre. Ohne Rücksicht auf politische Lager erklärt die Autorin, weshalb Klimaschutz der Wirtschaftsmotor der Zukunft ist. Die Energieexpertin verrät, was Verbraucher, Unternehmer und Politiker – jenseits von Energiesparlampe und Ökostrom – tun können, um zu den Gewinnern des Klimawandels zu gehören.

»Klima-Expertin Claudia Kemfert kennt alle Zahlen, alle Fakten.«   *Brigitte*

»Ein hervorragendes Buch! Claudia Kemfert zeigt, dass der Klimawandel nicht nur eine Bedrohung ist, sondern auf unserem Weg in eine kohlenstoffarme Wirtschaft auch großartige Chancen liegen.«

EU-Präsident José Manuel Barroso

MURMANN

Peter Felixberger

Deutschlands nächste Jahre

Wohin unsere Reise geht

216 Seiten, ISBN 978-3-86774-071-5

Wir werden weniger, älter und ungleicher, gesünder und gebildeter, aber auch glücklicher? Was nehmen wir Deutschen mit in die Zukunft, und was lassen wir zurück? Was wird wirklich wichtig für uns?

Im Jahr 2009 trafen sich im Berliner Kanzleramt kluge Köpfe des Landes, um über die Zukunft der Deutschen zu debattieren: Thea Dorn, Thomas Perry, Meinhard Miegel, Eckard Minx, Enja Riegel, Heinz Bude, Tim Leberecht, Christian Böllhoff, Bernhard von Mutius, Horst W. Opaschowski u.v.a.m. Der Publizist Peter Felixberger war dabei – bei allen Hearings, Workshops und Diskussionen mit Experten, der Kanzlerin und ihren Mitarbeitern. Hier legt er seinen unabhängigen Report über ein einmaliges Zukunftsprojekt vor. Was packen wir Deutschen in den Rucksack, mit dem wir uns aufmachen in die Zukunft?

MURMANN